작은 유머 하나가 큰 대화를 만드는 비결

좋은 사람들의 아름다운 생각

박영식 편저

유머와
철학과
사색

명문당

작은 유머 하나가
큰 대화를 만드는 비결

좋은 사람들의 아름다운 생각

박 영 식 편저

웃음은,
가장 순수한 인간다움입니다

　세상에서 가장 아름다운 것은 천진난만한 아기의 웃음이라고 합니다. 그 웃음 속에는, 가장 순수한 인간다움이 그대로 배어 있기에 더욱 아름답게 보이는 것입니다.

　또한 그 웃음은 건강함을 나타내는 징표이기도 합니다. 웃음은, 건강의 상징입니다. 사람은 정신과 육체가 건강할 때 가장 많이 웃고, 가장 많이 즐거워하는 것입니다.

　'소문만복래'라는 말이 있습니다. 웃으면 복이 온다는 것이지요. 복이 오면 몸도 마음도 건강해집니다.

　안톤 슈나크의 산문, 「우리를 슬프게 하는 것들」 중에 이런 구절이 있습니다. 즉, "울음 우는 아이는 우리를 슬프게 한다."고. 그렇다면 역으로, 웃는 아이는 우리를 기쁘게 하는 것임에 틀림없습니다.

　웃음과 건강, 이는 우리가 원하는 모든 것을 이룰 수 있도록 힘을 북돋워 주는 원천이라고 해도 과언이 아닐 것입니다.

　풍부한 유머를 구사할 수 있는 사람이 실패하는 경우는 드물다고 했습니다. 이런 말도 있습니다. "오늘 가장 즐겁게 웃는 사람은 역시 최후에도 기쁘게 웃는다"고. 긍정적인 자세는 어떤 어려운 일과 맞닥뜨린다 하더라도 능히 해결할 수 있는 마음의 여유를 갖게 하는 것입니다. 유머는 그처럼 많은 생각을 가다듬게 만들고, 또한 폭넓은 마음을 가지게 만들어 모든 일을 긍정적으로 받아들일 수 있는 여유를 갖게 한다는 것입니다.

유머의 본질은 지극히 순수한 인간다움을 있는 그대로 드러내는 것이라고 말합니다. 그러기 때문에 유머는, 누구한테도 거부반응을 일으키지 않을 뿐 아니라 자기 스스로에게도 훌륭하고 폭넓은 삶의 광장을 마련해 줄 것입니다.

미국의 성직자이며 작가인 J. 와이스(Weis, Johan)는, "유머란, 희롱의 배후에 감춰진 엄숙이다."라고 말했습니다. 그래서 "훌륭한 유머는 사람이 사회에서 입을 수 있는 가장 훌륭한 의복의 하나"라고 말합니다.

가끔, 웃을 때 얼굴에 주름살이 늘어난다고 말하는 사람이 있습니다. 그러나 그렇지 않습니다. 대부분의 사람들이 웃을 땐 얼굴에 주름살이 10여 개 정도가 보이지만 찡그릴 땐 50여 개가 보인다고 말합니다.

낙천적인 생활을 즐기는 사람이 많이 웃고 건강하며 장수합니다. 여기서 낙천적이라는 것은, 아무일이든 되는 대로가 아니고 모든 것을 긍정적인 측면으로 볼 줄 아는 혜안이 있는 것입니다.

사회에서 큰 일을 하는 사람이 많이 웃는다고 합니다. 앞으로 큰 일을 할 사람은 많이 웃는 습관이 절대 필요하다는 논

리입니다. 미국에서는 정치가, 특히 대통령이 되려면 군중앞에서 연설을 할 때 5분 이내에 청중을 웃기지 못하면 그 연설은 실패라고 했습니다. 그래서 훌륭한 사람들일수록 많이 웃고, 많은 사람들 앞에서 유머를 잘 구사합니다.

"유머의 감각이 둔한 머리치고 철저히 잘 짜여진 머리는 없다."고 했습니다. 이 책에 실린 유머는, 그 하나 하나가 모두 각기 개성적이고 교육적인 것을 엄선했습니다. 그리고 가장 현실적인 해설과 아울러, 곱씹어 지혜를 얻을 수 있는 명문들을 하나씩 곁들여, 보고 읽고 느껴 마음의 양식이 되도록 엮었습니다.

읽고 느낄 여러분들의 가슴에 하나하나가 알차게 스며들어 즐겁고 건강한 마음이 소롯이 피어나길 기원합니다.

편저자 씀

좋은 사람들의 아름다운 생각

● 차 례

제 1 부

웃음은,
가장 순수한 인간다움이며
모든 건강의 상징이다

명 답(Ⅰ)

  지리 시간에 선생님이 우리 나라 지도를 펼쳐 놓고 검지로
한국의 중심지인 대전광역시를 가리키며,
"이것이 무엇입니까?"
하고 학생들에게 물었다.
그러자 한 학생이 재빨리 일어나서 대답했다.
"네, 그것은 손톱 밑에 때가 낀 선생님의 손가락입니다."

※ 인간의 최초의 표현 행위는 울음을 통해서 이루어집니다. 그러다
  아기가 말문을 트기 시작하면서부터 대수롭지 않은 것에도 호기심
  을 보이며 많은 질문을 하거나 알려고 합니다. 말을 하는 것, 이것
  이야말로 이 세상에서 사람이 할 수 있는 가장 적절한 표현 행위입
  니다.

  - 질문은 결코 지각 없이 이루어지지는 않는다. 그러나 대답은 종
종 지각 없이 해 버리는 경우가 많다. - <O. W. 홈스>

착각은 오해를 낳는다(Ⅰ)

시내버스 안에서 한 여학생이 젓가락을 떨어뜨렸다. 젓가락 떨어지는 소리가 유난히 커서 여학생은 그만 얼굴을 붉히고 말았다. 더구나 그 옆에는 남학생이 여러 명 서 있어 더욱 창피스러웠던 것이다.

젓가락 떨어지는 소리와 동시에 힐끗 쳐다본 한 남학생은 잘생긴 용모에 깨끗한 교복차림이었다. 그 남학생을 쳐다본 후로는 더욱 창피스러워 온 몸이 후끈 달아올랐다.

여학생은 많은 사람들이 모두 자기를 쳐다보는 것 같아서 떨어진 젓가락을 얼른 줍지를 못했다. 젓가락을 주우려니 부끄럽고, 안 주우려니 다소 아깝다는 생각이 들어 우물쭈물 망설이다가 가만히 한 손으로 빨개진 얼굴을 가리고, 다른 한 손으로 살며시 젓가락을 주워서는 얼른 가방에 집어넣었다. 그러고는 아직 내릴 곳이 아닌 정류장에서 그냥 내려버렸다.

창피스럽다는 생각 때문에 뒤도 돌아보지 않고 뛰다시피 빠른 걸음으로 내달리고 있는데, 뒤이어 버스 안에서 자기 옆에 서 있던 그 남학생이 바쁘게 따라오는 것이 아닌가!

순간, 여학생은 창피스러웠던 버스 안의 젓가락 소동은 잊어버리고 그만 엉뚱한 생각을 하고 말았다. 아마도 저 남학생이 자기를 좋아해 따라오는 줄로 생각한 것이다.

남학생이 자기를 따라오는 것이 약간 두렵기도 했지만, 한편으로는 잘생긴 남학생이 자기를 좋아해 따라온다는 생각을 하니 기분이 그리 나쁘지만도 않았다. 그래서 여학생은 빠르게 걷던 걸음의 속도를 조금 늦추면서 한쪽 골목길 모퉁이로 꼬부라 들어갔다.

그때 골목길 모퉁이까지 바쁘게 따라와 숨을 헐떡이며 그 남학생이 큰 소리로 말했다.

"내 젓가락 돌리도!"

☆　　　☆　　　☆

※ 우리는 일상생활을 해 나가는 동안 잘못 생각하는 경우가 자주 있습니다. 아마 일일이 다 기억할 수 없이 많을지도 모릅니다. 그래서 우리는 될 수 있는 대로 다시는 잘못하지 말아야겠다고 다짐하곤 합니다.

나의 조그마한 착각이 다른 사람으로 하여금 큰 오해를 불러일으킬 수 있도 있는 것입니다.

고대 그리스의 철학자인 소크라테스(Socrates)는 이런 말을 하여 그의 철학적 진가가 더욱 높았다고 합니다. "나는 내가 무지(無知)하다는 사실 이외에는 아무것도 모른다."

- 자신을 알 수 있는 사람이야말로 진정 현명한 사람이다. - <초서>

이 유(I)

　걸핏하면 지각을 하는 세원이가 그날 또 지각을 했다. 오늘
은 또 무슨 핑계를 꾸며대는가 싶어서 선생님이 물었다.
　"오늘은 왜 또 늦었지? 오늘은 그 이유를 상세히 좀 들어보
자꾸나."
　그러자 세원이는 상세하게 설명을 했다.
　"학교로 오는 길에 어떤 아저씨가 500원을 잃어버렸다고 하
잖아요. 그래서 그 아저씨가 갈 때까지 그곳에 꼼짝않고 서
있었죠. 그러지 않았으면 정말 큰코다칠 뻔했거든요."
　그 말을 들은 선생님은 어이가 없어서 머리를 한 방 쥐어
박으며 나무랐다.
　"그래, 어떤 아저씨가 돈을 잃어버린 것과 네가 그 아저씨가
갈 때까지 꼼짝 않고 그곳에 서 있어야 했던 것이 도대체 무
슨 상관이란 말이냐? 이놈이 오늘은 별 희한한 핑계를 다 대
는구나! 너 이번에도 거짓말이면 오늘은 정말 용서하지 않을
테다."
　선생님이 크게 야단을 치자, 세원이가 다시 설명을 했다.
　"선생님, 그 시간에 그 아저씨와 저와는 분명히 상관관계가
있었어요. 그 아저씨가 잃어버린 500원짜리 동전이 그 시간에
제 발 밑에 있었거든요."

☆　　　☆　　　☆

※ 어떤 일에도 이유는 있습니다. 모든 문제에는 원인이 있고, 따라서 그 해답을 구하고자 노력하게 되는 것이지요. 그러나 어떤 주어진 문제를 가지고 지나치게 원인분석을 하다 보면, 쉽게 풀 수 있는 것도 더 복잡하게 만들 수 있음을 알아야 합니다.

라 퐁텐의 우화집에 보면, "가장 강한 사람의 이유가 언제나 최선이다."라고 서술해 놓았습니다. 가장 강한 사람의 이유가 최선일 수는 있어도 그것이 결코 최후의 정답은 아닐 테지만 말입니다.

– 최고의 지성은 산 꼭대기와 같아서 제일 먼저 여명을 알아 차리고 반사시킨다. – <머콜리 남작>

미련한 놈

　어부의 그물에 큰 고기와 작은 고기가 함께 걸려 들었는데, 작은 고기만 그물 구멍으로 빠져 나올 수가 있었다.
　평소 큰 고기로부터 온갖 괴로움을 당해 오던 작은 고기가 그물 밖으로 빠져 나와서는 큰 고기에게 평소의 유감을 앙갚음하기 위해 약을 올렸다.
　"이 미련하고 가련한 놈아, 빠져 나올 재주도 없으면서 거긴 왜 들어갔지? 지 죽을 곳인 줄도 모르고, 그렇게 미련스러워 어떻게 살기를 바라노!?"

☆　　☆　　☆

　※ 좋은 일이 있으면 나쁜 일도 있게 됩니다. 낮이 있으면 밤이 있듯이, 밝고 어두움은 서로 상관관계를 이루어 함께 작용하게 되는 것입니다. 작은 물건이 쓰이는 곳이 있으면, 큰 물건이 쓰이는 곳도 있는 법입니다. 작은 것은 작은 대로 가치가 있고, 큰 것은 큰 대로 필요한 곳이 있다는 뜻이지요.
　낮은 우리가 활동할 수 있도록 밝혀 주지만, 밤은 낮의 활동으로 피로해진 몸과 마음을 편히 쉬도록 해 주는 안식 시간인 것입니다.

　- 평범한 사람들은 단지 어떻게 시간을 소비할까 생각하지만, 지혜로운 사람은 그 시간을 어떻게 사용할까 노력한다. - <쇼펜 하워>

팽창업

초등학교에서 학생들의 가정 환경 조사서를 훑어보고 있던 선생님이 봉구에게 물었다.

"백봉구, 너는 아버지의 직업이 '팽창업'이라고 썼던데 그게 뭐하는 일이지?"

봉구는 부끄러운 듯 얼굴을 붉히며 고개를 떨군 채 얼른 대답을 하지 않는 거였다. 뭔가 말하기가 쑥스러워 그러는가 보다고 생각한 선생님이 조용히 달래듯 말했다.

"괜찮아, 부끄러워 하지 말고 어서 말해 봐. 세상에 직업이 얼마나 많은데. 그리고 직업엔 원래 귀천이 없다고 하잖니?"

그러자 봉구는 가느다란 목소리로 말했다.

"저, 강냉이를 튀겨요."

☆　　　☆　　　☆

※ 한 번 자기 스스로에게 거짓말 하도록 허락하는 사람은, 두 번 세 번 거짓말 하기를 쉽게 합니다. 그렇게 한 번, 두 번, 세 번 거짓말을 하다 보면 재미를 들여 자꾸 하게 되고, 그러다 보면 결국 습관이 되고 맙니다. 이보다 더 천하고 가련하고 경멸스러운 악덕은 없습니다.

　- 솔직한 말을 할 수 있는 용기가 부족한 사람은 거짓말을 하게 된다. - <J. 밀러>

확실해요

새침이가 은행에 돈을 찾으러 갔다. 은행 창구에 청구서를
내밀자 은행원 언니가 상냥하게 말했다.
"본인이세요?"
그러자 새침이는 얼른 가방 속에서 조그마한 손거울을 꺼내
들여다 보고는 자신있게 대답했다.
" 네. 언니, 나 임에 틀림없어요."

☆　　　☆　　　☆

※ 불확실한 것을 확실한 것으로 잘못 아는 것, 거짓을 참으로 잘못
　 아는 것보다 더 어리석은 짓은 없습니다.

　 - 남이 자신에게 솔직하기를 바라는 것과 마찬가지로 자기 자신에
게도 진실하여야 한다. - <F. 베이컨>

예절바른 아가씨

용무가 무척 급해진 승헌이가 화장실로 뛰어갔다.

화장실 문에는 언제나 노크를 하라는 표시가 되어 있었다. 그러나 승헌이는 너무 급한 김에 노크고 뭐고 가리지 않고 막 문을 열려고 하는데, 화장실 안에서 '톡톡' 하고 노크 소리가 들리면서 의정이가 말했다.

"지금 나가도 될까요?"

☆　　☆　　☆

※ 예의는 사람에게 웬만한 허물도 덮어줄 수 있는 소중한 행위입니다. 낯선 사람에게도 품위 있고 예의바르게 행동하는 것, 이 또한 세계의 시민임을 보이는 것입니다.

　– 위대한 사람일수록 예의가 바르다. – <테니슨>

누굴까

　전세계의 영화 팬들을 감동시킨 '타이타닉'이라는 영화가 우리 나라에서도 크게 호응을 받고 있을 무렵, 이 영화의 개봉관 입장권 넉 장이 우편으로 배달되었는데, 그 봉함우편 속에는 작은 쪽지도 한 장 끼여 있었다.

　그 쪽지에는, "이 티켓을 누가 보냈는지 알아맞혀 보세요!"라고 적혀 있었다.

　보내는 사람의 주소나 이름도 없는 우편물이었기에 도무지 알 수는 없었지만 짐작건대 누군가 잘 아는 사람이 보냈겠거니 생각하고 우선 영화 관람을 하기로 했다.

　신원 미상의 사람으로부터 보내 온 관람권은 일요일 오후 5시 반에 시작하는 4회 분으로, 마침 다음날이 일요일이었다. 당시 온세계에서 화제로 떠오른 영화인지라 미리 예매를 하지 않으면 표를 구하기가 힘든 영화였다.

　고마운 마음으로 그들 네 식구는 흥미진진하게 영화 관람을 한 뒤 모처럼 가져보는 식구들끼리의 나들이라 외식도 함께 하고는 느지막하게 집에 돌아왔다.

　그런데 즐거운 마음으로 집에 와 보니 집안은 엉망진창이 되어 있었다. 도둑이 들어 집안 살림을 몽땅 쓸어가 버리고, 보이는 것이라곤 책상 위에 놓여 있는 종이쪽지 하나뿐이었다. 얼른 그 쪽지를 펴보았더니 거기엔 이렇게 쓰여 있는 거였다.

　"미안합니다. 영화 관람을 잘 하셨으리라 믿습니다. 모처럼

가족끼리의 나들이라 외식도 함께 했을 테고, 좀 늦게 들어올
줄 알았습니다. 이제 그 영화 관람권을 보낸 사람이 누구인지
아시겠지요?"

☆　　　☆　　　☆

※ 도둑의 속성은, 어떻게 하면 남을 교묘하게 속일 수 있을까 궁리
하는 것입니다. 경우에 따라서는 지나치게 친절을 베풀기도 하고,
또 어떤 경우에는 협박을 하기도 하며, 아무도 모르게 자신을 숨기
기도 합니다. 전혀 모르는 사람으로부터의 지나친 친절은 언제나
그 이면에 음흉한 흉계가 있다는 것으로 일단 의심해 보는 것이 좋
습니다.

－ 속이는 자를 속이는 것은 속임이 아니다. － <U. 펄월>

경인이의 일기

9월 9일 수요일.

나는 오늘 아침에도 늦잠을 잤다. 그래서 학교에 지각을 하고 말았다. 선생님께서 하시는 말씀이,

"너, 한 번만 더 지각하면 없어!"

대체 무엇이 없다는 것인지 알 수가 없다. 하루 종일 아무리 생각을 해봐도 도무지 그 해답을 찾을 수가 없다.

그러나 나는 반드시 그 해답을 찾아내야 한다. 그렇지 않으면 무언가 큰 일이 닥칠 것만 같다. 궁금하여 도저히 견딜 수가 없다. 그래서 나는 결심했다.

'내일 하루 더 지각을 해 보기로……'

☆　　　☆　　　☆

※ 배우고자 해도 시간이 없고 틈이 없다고 말하는 사람은, 비록 시간이 있고 틈이 있다 하더라도 배우지 못할 것입니다. 우리는 젊을 때, 나이가 한 살이라도 적게 먹었을 때 더욱 열심히 배워야 합니다. 젊었을 때 배움을 소홀히 하는 사람은 과거를 상실할 뿐만 아니라 미래에도 얻을 게 없다는 사실을 알아야 합니다.

- 학문하는 데는 길이 따로 없다. 모르는 것이 있으면 길을 가는 사람을 잡고라도 묻는 것이 좋다. 천한 사람이라도 나보다 글자 하나라도 더 알면 그에게 배워야 하는 것이다. - <연암 박지원>

너 한 번만
더
지각하면
없어 !!

걱정마서유

가정대학 영양학과를 갓 졸업한 누나가 가스렌지 위에 밥솥을 올려놓고 요리책을 보고 있었다. 밥이 타는 줄도 모르고 책에 열중하고 있는 누나를 보고, 엄마가 깜짝 놀라며 말했다.

"애야, 지금 뭐하고 있는 거냐? 밥이 다 타는 줄도 모르고?"

엄마의 말에 누나는 얼른 손목시계를 들여다 보며 말했다.

"원, 엄마두, 아직 시간이 덜 되었단 말예요. 5분이 더 지나야 밥이 다 된다니까요."

잠시 후, 생선 굽는 렌지에 얹어 둔 생선이 타고 있는 것을 본 엄마는 또 큰소리로 말했다.

"저기, 저 생선도 다 타고 있잖아!"

그러자 누나는 요리책에서 눈을 떼지도 않고 태연하게 말했다.

"아이, 엄마두 참, 걱정 마시라니까요. 아직 시간이 덜 되었단 말예요. 한 쪽이 타들어가 뜨거우면 지가 돌아 눕겠죠. 뭐!"

☆　　　☆　　　☆

※ 상식과 공식이 똑같을 수는 없습니다. 때로는 상식이 공식보다 더 지혜로울 수 있습니다. 정해진 공식보다 상식이 오랜 경험과 체험에서 비롯된 섭리일 수도 있으니까요.

딱딱하게 전개되는 수학공식이 있는가 하면 서술적이고 감성적인 문학공식도 있습니다.

상식은, 일반적으로 우리가 알고 있는 가장 훌륭한 지각, 즉 감각

기관을 통해 외부의 사물을 분별하고 의식하는 작용에 의해서 깨닫
는 것이라고 할 수 있습니다.

 - 가장 훌륭한 예언은 상식이다. 그것은 즉, 우리들에게 주어진 원
래의 지혜이다. - <에우리 피데스>

음치 엄마를 위하여

책 세일즈맨이 아파트 초인종을 눌렀다. 벨 소리를 들은 엄마는 재빨리 인터폰으로 누구냐고 확인했다.

"네, 아주머니. '노래를 잘 부를 수 있는 법'이란 책을 가져왔습니다."

엄마는 뜻밖의 책장수 아저씨 방문에 어리둥절하면서,

"아니, 나는 그런 책을 주문한 적이 없는데요!?"

하고 말했다. 그러자 그 아저씨가 하는 말,

"네, 네, 물론 아주머니께서 주문하신 것은 아닙니다. 이 책은 이 아파트의 바로 위층에 계신 분이 아주머니께 권해 드리라고 했습니다."

☆　　　☆　　　☆

※ 음악은, 사나운 마음을 가라앉히고, 바위를 부드럽게 하거나 마디 많은 참나무를 굽힐 수 있는 마력을 지닌 예술의 근간입니다.

사람에 따라서 노래를 잘 부르는 타고 난 기질이 있는가 하면, 개중에는 듣기는 좋아하지만 전혀 부를 줄 모르는 특이한 음치도 있습니다. 그러나 습관은 '제2의 천성'이라고 하듯이 노력하면 노력하는 만큼 제법 근사한 음색을 만들어낼 수 있는 것이 또한 노래 입니다.

비록 부단한 노력으로도 훌륭한 가수, 혹은 훌륭한 음악가가 되지는 못하더라도 최소한 음치에서는 해방될 수 있을 정도는 될 수 있을 것입니다. 노래는 사람을 즐겁게 해 줍니다.

이런 말도 있습니다. 가장 절망적인 노래야말로 가장 아름답다고. 영국의 시인이며 역사가인 벨로크(Belloc, Hilaire)는 노래에 대해 이렇게 말했습니다. "노래를 만드는 것이 손으로 하는 일 중에 으뜸이다. 둘째가 노래를 부르는 것이다."

이렇듯 노래는 정서적으로 인간 생활과 밀접한 관련를 맺고 있습니다.

우리 가요는 애잔하면서도 흥겹고, 서양음악은 고상하면서도 순수하며, 때로는 웅장한 것도 있습니다.

- 가장 심금을 울리며, 모든 병을 치료하는 음악은 인간의 힘을 돋우어 주는 언어(言語)이다. - <에머슨>

병상에서 생긴 일

아빠가 몸이 편찮으셔서 병원에 입원을 했는데 시현이가 시중을 들고 있었다. 평소 무척 건강했던 아빠가 병상에 누운 것이 안타깝다는 생각을 하며 시현이는 아빠의 얼굴을 안쓰러운 듯 지켜보고 있었다. 그때 아빠가 몸을 뒤척이며 가만히 말했다.

"애, 시현아. 아직 간호사 언니가 수면제를 안 가져 왔니?"

"네, 아빠. 아직 안 가져 왔는데요. 다시 전화를 걸어 볼까요?"

그러자 아빠가 졸음이 오는 듯 하품을 하며 살며시 눈을 뜨고는 말했다.

"그래, 어서 전화를 걸어서 5분 이내로 안 가져 오면 그냥 자겠다고 그래."

☆　　　☆　　　☆

※ 올바른 길을 걷고 올바르게 행동하는 사람은 돕는 사람이 많고, 바르지 못한 길을 걸으며 나쁘게 행동하는 사람은 돕는 사람이 적다고 했습니다. 돕는 사람이 자꾸 줄어들다 보면 결국에는 친척마저 등을 돌리게 되고, 돕는 사람이 많아지다 보면 나중에는 온 천하(天下)가 다 따라오게 된다고 했습니다. 이 말은 『맹자』(孟子)에 기술되어 있습니다.

－ 즐거워해야 할 것을 즐거워하고 싫어해야 할 것을 싫어하는 것이야말로 현명한 자의 가장 현명한 처신이다. － <아리스토 텔레스>

전화 걸어서 5분 이내로 안 가져 오면 그냥 자겠다고 그래 !
수면제

응급 처치법

잠이 들었을 때 깨우는 것을 몹시 싫어하는 의사에게 한밤중에 한 아주머니가 찾아와 문을 탕탕 두드렸다. 그러자 화가 난 의사는 무척 짜증스럽다는 투로,

"무슨 일이야! 도대체 이 밤중에 무슨 일로 이렇게 야단법석이냔 말이야!"

하고 고함을 버럭 질렀다.

"선생님, 크, 큰일이 났습니다요. 빨리 우리 집에 좀 가 주셔야 되겠습니다. 아들 녀석이 그만 쥐를 삼켜 버렸습니다."

그러자 화가 사그라들지 않은 의사는 눈을 감은 채 아주머니에게 고함을 지르듯 말했다.

"별것 아닌 걸 갖고 왜 이 밤중에 야단이냔 말이오! 잠도 못자게시리! 빨리 가서 얼른 고양이를 먹여요!"

☆　　☆　　☆

※ 타인을 올바로 판단하는 데는 관대함이 우선입니다. 도량이 넓고 크면 때로 자신이 잘못했을 경우라도 반드시 알아주는 이가 있는 법입니다.

　- 사람은 자신이 사랑하는 사람보다 오히려 두려워하는 사람을 더 너그럽게 다루는 속성을 지녔다. - <W. W. 하우>

높은 뜻

만기 제대일을 앞두고 맹장염에 걸려 제대가 며칠 늦어질 김 병장이 군의관에게 말했다.

"군의관님, 저는 불필요한 맹장 때문에 적어도 10일 정도는 제대가 늦어졌습니다. 인체에 입이나 코 같은 필요한 것 외에 왜 불필요한 맹장 따위를 만들어 이렇게 사람을 골탕 먹이는지 모르겠군요."

그러자 군의관은 점잖게 말했다.

"이보게 김 병장, 맹장이 환자에게는 불필요한 것임에 틀림없어. 하지만 의사에겐 얼마나 필요불가결한 인체의 기관인지 모르는군. 나 같은 사람이 불과 몇 개월의 훈련을 받고 장교가 된 것도 어쩌면 그 맹장 같은 존재 때문인지도 모르네. 그러니 맹장은 하느님께서 의사들을 위해 만들어낸 인간의 부속품일세. 그런고로 우리는 창조주의 은혜가 우리들 주변 도처에 수없이 깔려 있다는 사실을 알아야 하는 거야."

☆　　☆　　☆

※ 원인과 결과는 항상 동반관계를 유지하게 됩니다. 어떤 일에 대해, 똑같은 주제가 주어졌더라도 찬성하는 사람이 있는가 하면, 반대하는 사람도 있게 마련입니다. 똑같은 물건이라도 어떤 사람에게는 필요하고, 어떤 사람에게는 필요치 않을 수도 있는 것입니다.

마찬가지로 우리들 일상에서 나타나는 일이나 행동에도 언제나 상반되는 견해가 동전의 앞뒷면처럼 존재합니다. 그것은 자연의 섭리라고 생각해야 합니다. 물이 있고 불이 있으며, 남극이 있으니까 북극이 있고, 낮이 있으니까 밤이 있어야 하는 것과 똑같은 이치입니다. 나에게는 전혀 하잘것없는 것이라도 나 외의 누군가에게는 절대로 필요한 것이 되는 경우도 있으니까요.

　- 인간에게 행운과 훌륭한 지각이 한꺼번에 오는 경우는 드물다. -
<리비우스>

주제를 알아라

세원이가 서울대공원엘 갔다. 여러 가지 놀이 기구를 타 보기도 하고 재미있게 놀다가 동물원 구경을 하게 되었다.

그런데 그 동물원에는 잘생긴 사람만 보면 우리 앞까지 뛰쳐 나오는 사자가 있다는 것이었다. 그것이 희한하다고 생각한 세원이는 호기심이 발동하여 그 사자를 만나러 간 것이다.

그때 어떤 잘생긴 사람이 그 사자 앞을 지나가자, 정말 사자가 우리 앞까지 뛰쳐나와 물려고 하는 게 아닌가. 그런데 그 잘생긴 사람은 겁도 먹지 않고 태연하게 싱긋 웃으며, 사자에게 손가락으로 도로 들어가라는 시늉을 하자, 설쳐대던 사자의 행동이 누그러지는 거였다.

그것을 본 세원이는 하도 신기하고, 한편으로는 부럽기도 했다. 그래서 자기도 그 사자 앞을 지나가 보았다. 그랬더니 그 사자는 눈만 껌벅이며 가만히 쳐다볼 뿐 별 반응이 없는 게 아닌가.

은근히 화가 치민 세원이는 좀 더 멋있게 꾸미고 사자 앞을 지나가 보았다. 그러나 이번에는 가만히 쳐다보다가 알 수 없는 하품을 하더니 고개를 돌려버리는 거였다. 세원이는 기분이 무척 상했다.

그래서 다음날은 얼굴에 약간의 화장을 하고, 깨끗이 이발도 하여 좋은 옷에다 턱시도까지 걸치고 근사하게 모양을 꾸미고는 다시 그 사자를 찾았다.

　　그러자 그 모습을 본 사자가 비웃듯이 이빨을 드러내 싱긋 웃으며 하는 말,

　　"야, 세원이 너, 아직도 안 갔냐? 주제 파악을 해야지. 그게 뭐냐?!"

☆　　　☆　　　☆

　　※ 인간은 자기가 차지하고 있는 지위보다는 지니지 않은 지위가 더 훌륭해 보이기 쉽습니다. 지나친 교만과 지나친 욕심이 자기 자신을 우월해 보이도록 만들려는 하찮은 수작입니다.

　　- 다른 사람의 환경은 우리에게 좋아 보이고, 우리 환경은 다른 사람에게 좋아 보이는 법이다. - <푸블릴리우스 시루스>

원가에 넘기다

　도둑질로 한평생을 살아 온 아저씨가 이젠 직업을 바꾸겠다는 결심을 하고는 마지막으로 값나가는 보석을 훔쳤다.

　고별 도둑질의 대가가 값비싼 보석으로 장식되자 흐뭇하게 생각하며 집에 돌아온 도둑 아저씨는 그의 아내에게 장물아비를 찾아가 보석을 팔아 오라고 했다.

　"오늘은 내 평생 해오던 이 직업을 버리기로 생각해서인지는 몰라도 수입이 대단히 좋았어. 내일부터는 도둑 생활을 청산하겠다는 나에게 하느님이 도와주셨나 봐. 이 보석은 값이 대단히 많이 나가는 것이니까 잘 팔아 오게나."

　그의 아내는 그 보석을 가지고 장물아비를 찾아가는 도중 복잡한 시내버스에서 소매치기에게 반납하는 꼴이 되어버렸다. 하는 수 없이 터벅터벅 집에 돌아온 도둑의 아내는 아저씨에게 말했다.

　"여보, 그 보석반지 원가에 넘기고 왔어요."

☆　　☆　　☆

　※ 남의 것이 내 것보다 더 커 보이고, 더 많아 보이고, 더 아름답게 보이는 것은 인간의 욕망이 지나치게 크기 때문입니다. 남의 물건을 탐내는 것은 죄악입니다. 그 탐욕으로 인해 눈이 멀게 되고 마음을 병들게 하여 그것을 훔치지 않으면 안 되게 하기 때문입니다.

　－ 도둑은, 자기처럼 모든 사람이 도둑질 한다고 믿고 있다. － <E. W. 하우>

뭔가.....

건모의 팬티

　얼굴이 까무잡잡한 건모가 여름날 숲속 골짜기에서 팬티를 벗어 놓고 목욕을 하고 있었다. 한여름 더위에 숨이 컥컥 막힐 지경에 산골짜기의 시원한 물 속에 첨벙 뛰어들어 목욕을 하니 시원하고 상쾌하여 시간 가는 줄도 모르고 즐겼다.
　해가 중천에서 서쪽으로 기울 무렵, 물 속에서 나온 건모는 자신의 팬티가 없어진 것을 알았다.
　건모는 어찌해야 할지를 몰라 발을 동동 구르며 울먹이고 있었다.
　한참 후, 수십 미터 아래로 떨어지는 폭포수를 타고 하얀 수염을 길게 기르신 할아버지가 어쩔 줄을 몰라하는 건모 앞에 나타났다. 옛날 책에서 읽었던 산신령이 바로 저 할아버지로구나 하고 기대에 찬 두 눈을 부릅뜨고는 가만히 지켜보고 있었다.
　그러자 그 할아버지는 곧장 자신이 목욕을 하고 나온 물 속으로 첨벙 들어갔다 나오더니 팬티 한 장을 들고 나오는 것이었다. 그것은 요즘 최신 유행하는 란제리 팬티였다.
　할아버지는 그 팬티를 들어보이며 건모에게 물었다.
　"이것이 네 팬티냐?"
　"아닙니다요. 제 것은 그런 것이 아닙니다요."
　그러자 할아버지는 다시 첨벙 물 속으로 들어갔다 나오더니 이번엔 색깔도 영롱한 오방울 팬티를 들어보이면서,

"그럼, 이것이 네 팬티냐?"

하고 물었다.

건모는 이번에도 그것이 자기의 팬티가 아니라고 대답했다.

이상하다는 듯 건모의 표정을 한번 훑어본 할아버지는 다시 물 속으로 들어갔다 나오더니 땟국이 찌든 면팬티 하나를 들어보이며 말했다.

"그럼, 이것이 네 팬티겠구나! 이것 말고는 이 물 속에 다른 팬티가 하나도 없단 말이다."

그러자 건모는 반가워 어쩔 줄 몰라하며,

"예, 예, 그렇습니다. 그것이 제 팬팁니다요."

하고 대답했다.

그러자 산신령 할아버지가 껄껄껄 웃으면서 하는 말,

"야, 이놈 건모야! 너 정직한 것도 좋지만 팬티가 이게 뭐냐? 제발 팬티 좀 빨아 입어라!"

☆　　　☆　　　☆

　- 정직한 사람은 모욕을 주는 결과가 되더라도 진실을 말하며, 잘난 체하는 사람은 모욕을 주기 위해서 진실을 말한다. - <W. 헤줄릿>

초록은 동색

　학교에서 언제나 꼴찌만 하는 수철이는 공부가 하기 싫어서
죽을 지경이었다. 거기다가 학교에 가면 너무 공부를 못한다
고 다른 아이들에게 항상 놀림을 받는 것이었다.
　이런 일이 있을 때마다 속이 상한 수철이 엄마는 궁리 끝에
수철이를 조금 변두리인 다른 학교로 전학을 시키기로 했다.
그 학교는 수철이처럼 공부를 못하는 아이들이 우글거리는 학
교였다. 거기 가면 열등의식이 적어져 그런대로 공부를 할 것
이며, 다른 아이들에게 놀림의 대상이 되지 않을 것이라고 생
각한 수철이 엄마의 마음이었다.
　전학 간 그 학교에 수철이가 처음 등교한 날 첫 시간은 산
수 시간이었다.
　선생님이 처음 전학 온 수철이에게 질문을 했다.
　"2에다 3을 더하면 얼마나 되지?"
　수철이는 벌떡 일어서며 큰소리로 자신있게 대답했다.
　"네, 6입니다!"
　수철이의 대답을 들은 선생님은 무슨 영문인지 모르게 입을
'헤' 하고 벌렸고, 자리에 앉아있던 아이들은 모두 '와' 하고 소
리를 내며 박수를 쳤다.
　그 박수소리에 용기를 얻은 수철이는 갑자기 자신의 어깨가
우쭐해지는 것을 느꼈다.
　다시 선생님이 물었다.

“그럼, 4에다 3을 곱하면 얼마일까요?”

자신감에 용기 백배한 수철이는 더욱 어깨를 우쭐대며 자신 있게 대답했다.

“네, 그건 7이 됩니다!”

그러자 이번에도 같은 반 아이들은 우와! 하고 소리를 지르며 박수를 쳐댔다. 그리고는 수철이 바로 뒤에 앉아 있던 경인이가 벌떡 일어나더니 수철이의 뒤통수를 한대 쥐어박으며 말했다.

“이 짜샤, 전학 온다고 너 며칠 밤새워서 공부했구나!”

※ 아무리 어리석은 사람이라도 자기 스스로 어리석은 줄 아는 사람은 현명한 사람입니다. 어리석은 자신을 현명하다고 생각하는 사람이야말로 가장 어리석은 사람이라고 하겠습니다.

  ─ 다른 사람들의 과오를 알아 채면서도, 자기 자신의 과오는 잊어버리는 것이 어리석은 사람의 특질이다. ─ <키케로>

알은체하다가

알은체를 잘하는 시골 아저씨가 서울에 올라와서 처음으로 택시를 타게 되었다. 말로만 듣던 서울의 택시인지라 다소 흥분한 시골 아저씨는 속도기가 뭔지 말로만 듣고,

"이 택시에는 속도를 측정하는 미터기가 없나봐유? 어떻게 달리는 속도를 아남유, 운전수 아저씨?

하고 제법 알은체를 하는 시골 아저씨에게 기사 아저씨가 말했다.

"뭐, 그야 금방 알 수가 있지요. 택시가 달릴 때 무릎이 약간 흔들리면 한 40킬로미터 정도고요. 의자가 약간 덜거덕 거리면 50킬로미터 정도, 좀 더 세게 달려서 70킬로미터 정도되면 유리창이 약간 흔들리고, 한 90킬로미터 정도 달리면 이빨이 부딪쳐 이가 약간 아프지요."

기사 아저씨는 재미있다는 듯이 대꾸를 했다. 그러자 이 시골 아저씨도 흥미로운 듯 말했다.

"그러면 한 200킬로키터 이상 속력을 내면 어떻게 되남유?"

"아, 200킬로미터라고 했나요? 글쎄요, 아직까지 200킬로미터까지는 속력을 내보지 않아 잘 모르겠습니다만 아마 지옥이나 천당으로 직행하지 않을까 생각합니다만……."

"아, 그렇게 되는감유!"

시골 아저씨는 천당이니 지옥이니 하는 말이 나오자 약간 겁이 나는지 야릇한 표정으로 바뀌더니 고개를 갸웃거렸다. 백미러

로 시골 아저씨를 힐끗 본 운전수 아저씨는 장난기가 살며시 발동하여 시골 아저씨가 어떻게 대꾸하나 싶어서 한마디 했다.

"그럼, 시험삼아 200킬로미터 정도의 속력을 한번 내 볼까요? 이왕 얘기가 나왔으니까 내 운전 20년 경력 중 처음으로 200킬로미터 속력을 한번 내 봅시다. 어떻게 될지는 나도 한번 경험해 볼 겸 그렇게 해 봅시다! 까짓거!"

하고 기사 아저씨는 재미있다는 듯 농담조로 말하며 일부러 액셀러레이터를 세게 '웽!' 하고 밟았다.

그러자 이 시골 아저씨는 얼굴이 새파랗게 질리면서 큰소리로 말했다.

"아, 아, 아니어유! 아니어유! 그만 두시어유! 아저씨! 내가 괜히 알은체를 했구먼유!"

☆　　　☆　　　☆

※ 중국 춘추시대의 철학자였던 노자(老子)가 말하기를, "재겨 딛고 있는 자는 오래 서 있지 못하고, 가랑이를 쩍 벌린 자는 걸을 수가 없다. 스스로 나타내는 자는 분명히 나타나지 않고, 스스로 옳다고 생각하는 자는, 남에게 인정받지 못한다. 스스로 칭찬하는 자는, 그 공이 없고, 스스로 자랑하는 자는 그 공이 오래 가지 못한다."고 하였습니다. 잘 알지도 못하면서 알은체하는 것은 자기 자신이 더욱 무식함을 드러내는 것임을 잊지 말아야 합니다.

　- 경쟁 속에서 아름답게 이루어지는 것 없고, 자만 속에서 고상하게 이루어지는 것 없다. - <J. 러스킨>

맞는 말이다

굉장히 추운 날씨였다. 지각을 한 휘재가 급한 나머지 교실의 문을 닫지도 않고 쑥 들어와 제자리에 앉는다.

그러자 문 가까이에 앉아있던 아이들이 휘재를 향해 큰소리로 말했다.

"야, 이휘재! 지각한 주제에 문도 안 닫고 들어오냐! 바깥은 무척 춥단 말이야!"

그러자 휘재는 미안한 마음으로 가만히 일어나 살금살금 걸어가서는 문을 닫고 제자리로 돌아왔다. 그러고는 제자리에 앉으면서 말했다.

"자, 이젠 됐냐? 그렇지만 내가 문을 닫아도 역시 바깥은 춥단 말이야!"

☆   ☆   ☆

※ 단순한 것 같으면서도 순간순간을 잘 조화시키는 것은 그 사람의 역량입니다. 순간의 번뜩이는 기지야말로 그 사람의 뛰어난 순발력을 보여주는 것입니다. 시인 괴테는 "이 세상에서 중요한 일은, 누구보다도 많이 안다는 것이 아니라, 그때 그때에 어느 개인보다도 더 많이 아는 것"이라고 했습니다.

  - 한 온스의 기지는, 한 파운드의 슬픔과 같은 가치가 있다. - <R. 백스터>

월반시켜요

깔깔초등학교에 새로 부임해 오신 교장 선생님이 수업 분위기를 관찰했다. 그날은 3학년 3반 교실에 들어갔다. 그 반의 담임 선생님은 여선생이었다.

수업광경을 지켜보던 교장 선생님께 담임 선생님이 말했다.

"저기 맨 앞줄에 앉아있는 저 애는 2학년인데 자꾸만 여기 와서 공부하겠다고 합니다. 아무리 말려도 막무가내입니다. 차츰 저도, 저 애의 하는 행동이 귀여워서 그냥 가르치고 있습니다. 이젠 정이 들어 2학년에 돌려 보내기가 싫습니다."

그러자 교장 선생님은 기특하다는 듯이 말했다.

"그렇게 영리할 리가 있나. 그럼 뭘 좀 물어 보세요."

선생님은 그 애를 불러 세우고는 말했다.

"개는 세 발로 서서 하고 사람은 두 발로 서서 하는 게 뭐지?"

그러자 그 애는 조금도 주저없이 말했다.

"악수예요."

"그럼, 아빠가 가지고 있는 것 중에서 엄마가 제일 좋아하는 것은 뭐지?"

"그건 돈입니다."

그런 질문과 대답을 듣고 있던 교장 선생님이 여선생에게 가만히 말했다.

"4학년으로 월반시켜야겠어요. 선생님의 질문에 나는 다 틀

렸는데 이 녀석은 척척이잖아요."

☆　　☆　　☆

※ 생각을 가다듬지 않고 함부로 말하는 것은 목표물 없이 총을 쏘
아대는 것과 같은 이치입니다. 그러기에 말을 하고자 할 때는 자기
가 하고자 하는 말, 자기가 하고자 하는 생각을 잘 정립시켜 정확
히 해야 하는 것입니다.

　- 말하는 것은 지식의 영역이고, 듣는 것은 지혜의 특권이다. -
<O. W. 홈스>

준비된 대답

유머초등학교 꾀돌이네 반에 장학사 선생님이 학습시찰을 오기로 되어 있었다. 담임 선생님은 좋은 평가를 받기 위해 장학사 선생님이 질문할 내용과 대답을 아이들에게 미리 일러 주었다.

"꾀돌이 너는 맨 앞줄에 앉아 있으니까 장학사 선생님께서 '누가 널 만들었냐'고 물으실 거야. 그러면 '하느님께서 만드셨어요'라고 대답해야 한다. 그리고 둘째 줄에 앉은 칠득이는 '우리를 길러주시는 분은 누구냐'고 물으실 거야. 그러면 '부모님이 길러 주셔요'라고 대답하면 되는 거야. 알겠지? 잘 외워 두도록 해."

다음날 학습시찰을 온 장학사 선생님이 꾀돌이네 반 교실에 들어섰다.

그런데 공교롭게도 맨 앞줄에 앉아있던 꾀돌이가 마침 화장실에 가고 없어서 첫번째 질문을 둘째 줄에 앉은 칠득이에게 하게 되었다.

"누가 널 만들었지?"

장학사 선생님이 물었다. 칠득이는 큰소리로 대답했다.

"부모님이요! 부모님이 절 만들었어요!"

대답을 들은 장학사 선생님은 담임 선생님과 칠득이의 얼굴을 번갈아 보면서 다소 어색한 표정을 지었다. 그러자 칠득이가 다시 벌떡 일어나더니 더욱 큰소리로 말했다.

"맞아요. 하느님이 만든 꾀돌이는 지금 화장실에 가고 없어
요!"

☆　　　☆　　　☆

※ 진실은, 그 위에 다른 것을 칠해서는 안 되는 아름다운 보석입니
　다. 그래서 진실은 강하다고 표현합니다. 글자로 쓰는 진실이 아니
　라 정신과 마음속에 잘 정돈되어 있는 것이 참된 진실인 것입니다.

　- 누구의 이익에도, 쾌락에도 반대하지 않는 그런 진실이 모든 사
　람의 환영을 받게 된다. - <T. 홉스>

심각한 고민

　주일학교의 예배에 한 번도 빠지지 않고 열심히 기도를 올리는 학생이 바로 의정이였다. 그래서 의정이는 목사님으로부터 항상 칭찬을 들었고, 그럴 때마다 다른 동료들로부터 부러움을 사기도 했다.

　의정이의 기도는, '공부를 잘하게 해주십시오'와 '천당에 가도록 해주십시오'였다. 그러나 사실, 의정이에게는 천당이란 것이 어떤 건지 잘 알지도 못하면서 주문하는 기도였다.

　그러던 어느날, 목사님께서 주일학교 예배에 참석한 여러 학생들을 모아놓고 설교를 하다가 말했다.

　"자, 여기서 잠깐, 여러분들에게 한 가지 물어볼 게 있어요. 여러분들, 천국에 가고 싶은 사람, 손을 한번 들어 봐요."

　그러자 대부분의 아이들이 손을 들며 서로 먼저 가겠다고 말했다. 그런데 그 중 한쪽 구석에 앉은 의정이만, 손을 들까 말까 망설이다가 결국 손을 들지 않는 거였다. 그러고는 깊은 시름에 빠진 사람처럼 가만히 있는 거였다. 그러자 목사님이 이상하게 생각하고는 물었다.

　"아니, 의정아. 너는 왜, 손을 들지 않는거지? 왜, 천국이 싫은가? 기도를 열심히 하는 사람은 누구보다 먼저 천국에 갈 수 있단 말이야. 아마 이 주일학교에서는 의정이가 제일 먼저 갈 것 같은데? 기도를 가장 잘 하고 열심히 하는 네가 손을 들지 않는다는 게 이상하잖아? 더구나 너는 항상 '천국에 가도록 해주십시오' 하고 기도를 올린 것으로 아는데? 왜, 천국에 가고 싶지 않은가 보구나."

그러자 의정이가 작은 소리로 말했다.

"목사님, 저는 가고 싶은데요, 아무래도 오늘은 갈 수 없을 것 같아요. 엄마가 예배 끝나는 대로 곧장 집으로 빨리 오라고 했거든요. 아무리 가고 싶어도 오늘은 천국에 갈 수 없을 것 같아서 고민이에요."

☆　　　☆　　　☆

※ 지나간 날들에 대해 너무 집착할 필요는 없습니다. 그것은 한낱 추억에 불과할 뿐이며, 다시 오지 않기 때문이지요. 그래서 현재를 슬기롭게 활용하라고 합니다. 현재는 지금의 내가 할 수 있는 마음의 자세에 따라 모든 것을 내 것으로 만들 수 있기 때문입니다. 그리고 미래에 대해서는 두려워하지 말고 마음껏 설계하고 매진해야 합니다. 거기에는 감히 우리가 상상하지 못하는 무궁한 영광들이 겹겹이 쌓여 있으니까요.

－ 천국의 가치를 잘 알려면, 15분 정도 지옥에 있어 보는 것이 좋다. －
<W. 칼튼>

메 뉴

　신사복으로 정장을 한 식인종 하나가 호화 유람선을 타고 첫 세계 여행길에 올랐다.

　점심 시간이 되어 선실 안의 식당에 들어서자 턱시도를 한 웨이터가 다가와서 말했다. 물론 웨이터는 그가 식인종이라는 사실을 알 턱이 없었다.

　"어떤 식사를 원하십니까? 메뉴 카탈로그를 보여드릴까요?"

　그러자 의자에 앉으면서 친절하게 대하는 웨이터에게 식인종이 대답했다.

　"아니야, 난 그 카탈로그보다는 승객 명단을 보고 싶어."

☆　　　☆　　　☆

　※ 사람마다 식성이 다르고, 종족마다 먹는 음식이 다릅니다. 그러나 먹는다는 것은 모든 생명체에게 똑같은 이유와 목적을 가지고 있습니다. 즉, 살아가기 위한 것이라고 하지요. 철학자 소크라테스는, "음식에 가장 좋은 양념은 공복이고, 마실 것에 가장 좋은 향료는 갈증"이라고 했고, 스페인의 소설가 세르반테스는, "세상에서 가장 훌륭한 양념은 허기"라고 했습니다.

　- 커피는 악마와 같이 검고, 지옥과 같이 뜨겁고, 천사와 같이 순수하고, 사랑과 같이 달콤하다. - <탈레랑 페리고르>

거짓말과 정치가

걸핏하면 거짓말을 잘하는 허풍이를 두고 아빠는 못마땅하여 비아냥거리듯 말했다.

"우리 허풍이 저놈은 장차 커서 분명히 정치가가 될거야!"

그 말을 들은 엄마가 아빠에게,

"당신도 참 딱한 양반이에요. 어째서 우리 허풍이가 장차 커서 정치가가 될거라고 생각하는 거예요?"

그러자 아버지는 빙그레 웃으며 말했다.

"우리 허풍이는 거짓말을 곧잘 한단 말이야. 게다가 듣기에는 좋으나 별 의미가 없는 말도 곧잘 하거든."

☆　　☆　　☆

※ 감히 자기 부모에게 거짓말을 한다거나 기만하는 습성을 가진 사람은 다른 사람들한테도 똑같은 짓을 하게 되는 법이다.

- 정치인은 대부분 어디서나 다 같다. 그들은 강(江)이 없는 곳에도 다리를 건설해준다는 약속을 곧잘 한다. - <N. 흐루시초프>

갸륵한 마음

잠꾸러기 형이 공부를 잘 못해 엄마로부터 꾸지람을 듣는 것을 본 찬돌이는 형이 안쓰럽다는 생각이 들었다. 그래서 찬돌이는 늦잠 자는 형을 일찍 깨워 주어 엄마로부터 꾸지람을 듣지 않도록 해야겠다는 생각을 했다.

찬돌이는 형을 힘차게 부르고는 말했다.

"형! 나, 내일 일찍 깨워 줘! 알았지?"

그 말을 들은 형은 갑자기 뛰어들어오며 하는 찬돌이의 말에 의아한 표정을 지으며 물었다.

"아니, 왜 그러는데?"

그러자 찬돌이는 형을 힐끗 쳐다보고는 말했다.

"아이 참! 일찍 일어나서 형 깨워 주려고 그런단 말이야. 늦잠 자다 공부 못해 만날 엄마한테 야단맞는 게 보기 싫어서 그래!"

☆　　　☆　　　☆

※ 호기심에는 여러 종류가 있습니다. 그 중 하나는 자기 자신에게 유용한 것을 알고 실천하게 만드는 흥미에서 생기고, 또 하나는 다른 것에서 남이 모르는 것을 알려고 하는 자만에서 생기는 것입니다.

.- 지상(地上)에서 아무리 위대하고 영광스러운 것일지라도 약자의 도움이 필요할 때가 종종 있게 마련이다. - 〈E. 스펜서〉

에너지 개발

최근 우리 나라가 1년에 270억 달러(한화 약 32조 5천억 원)라는 막대한 돈이 에너지원을 수입하는 데 쓰인다는 말을 들은 심형래. 영화 '용가리'를 만들어 일약 세계적인 스타로 떠오른 그가 한국적 에너지를 개발할 수 있는 연구논문을 발표하여 또다시 화제를 불러일으키고 있다.

어떻게 하면 에너지를 개발하여 그 많은 외화를 조금이라도 적게 들여올 수 있는 방법이 없을까 하는 생각에 몰두하게 된 것이다.

특히 IMF 시대를 맞은 우리의 경제 사정이 어려운 판에 이 어마어마한 석유 수입 달러를 절약하지 않으면 안 되겠다고 생각하게 되어 연구에 몰두했던 것이다. 그런 고뇌로운 연구 끝에 드디어 기발한 아이디어로 가득 찬 연구논문을 작성하였다.

첫째, 석유란 것은 돌에서 기름을 짜낸 것인데, 한국산 돌은 기후관계로 돌에서 기름을 직접 짜낼 수는 없고 돌을 일단 가루로 부숴서 '가루석유'를 만들어낸다.

둘째, 이 가루석유를 1대 7의 비율로 물에 타서 잘 혼합시키면 중동지역에서 생산되는 석유와 질적으로 별로 큰 차이가 나지 않는 연료가 된다.

셋째, 이렇게 제조된 석유를 직접 자동차에 넣어 시험해 봤는데, 자동차가 높은 곳에서 낮은 곳으로는 잘 움직이나, 낮은 곳에서 높은 곳으로는 갈 수가 없다는 단점을 발견하게 되었다.

넷째, 그래서 이 한국산 돌석유의 단점에 대해서는 독자들에게 연구과제로 남겨두기로 하였다.

☆　　　☆　　　☆

※ 모든 발명과 개발은 아주 작은 생각과 원인에 의해 얻어진 결과입니다. 작은 일에도 소홀하지 않고 큰 그릇에 옮겨 담아, 넓고 광범위하게 생각해보는 자세와 노력은 대단히 값어치 있고 보람 있는 일입니다. 발명왕 에디슨도, 비행기를 고안해 낸 라이트 형제도, 모두가 작은 생각으로부터 시작, 큰 뜻을 이룬 것입니다. 작은 불씨도 헛되이 보지 않는 자세는 자기 발전의 원동력이 될 것입니다.

－ 탐구정신은 우리가 살고 있는 시대의 위대한 특징이다. － <J. 풀>

엄청난 자랑

새별이와 새달이가 자기 엄마에 대해 서로 자랑을 늘어놓고
있었다.
"우리 엄마는 노래를 잘한다!"
"우리 엄마는 그림을 잘 그린다!"
"우리 엄마는 피아노를 잘 친다!"
"우리 엄마는 요리를 잘한다!"
"우리 엄마는 수영을 잘한다!"
"우리 엄마는 춤을 잘 춘다!"
"우리 엄마는 달리기도 잘한다!"
"우리 엄마는 영어도 잘한다!"
둘은 서로 자랑을 늘어놓으며 열기를 올리고 있었다. 좀처
럼 승부가 나지 않았다.
그러자 새별이가 급히 생각한 듯 큰소리로 말했다.
"아! 그렇지. 우리 엄마는 할 수 있지만, 니네 엄마는 할 수
없는 것이 하나 있어!"
"그게 뭔데!"
"우리 엄마는 이빨을 한꺼번에 통째로 뽑을 수 있어! 니네
엄마는 그걸 할 수 없잖아!"

☆　　　☆　　　☆

※ 사람은 평등하게 태어나지만, 또한 모두가 서로 다르게 태어납니다. 그러므로 사람마다 자기의 개성과 고유한 특질을 가지고 있는 것입니다.
　사람마다 장·단점이 다 있으므로 단점만으로 그 사람을 평가해서는 안 되는 이유가 여기에 있습니다.

　－ 모진 돌이나 둥근 돌이나 다 쓰이는 좋은 곳이 있는 법이니, 다른 사람의 성격이 나와 같지 않다고 하여 나무랄 것이 아니다. － <도산 안창호>

새로운 교육 방법

창규네 반에 새로 부임해 온 여선생님이 교단에 올라 서서 말했다.

"선생님 이름이 뭔지 아는 학생, 손을 들어봐요."

그러나 아무도 손을 들지 않았다. 처음 부임해 왔기 때문에 아무도 이름을 알 수 없는 거였다. 그러자 선생님은,

"선생님의 이름도 모르는 학생들에게 공부를 가르칠 수가 없어요!"

하고는 그냥 나가버렸다.

다음 시간에, 그 선생님이 다시 들어왔다. 첫 시간과 마찬가지로 교단 위에 올라 서서 모두에게 질문했다.

"한글은 누가 만들었지요? 아는 사람 손을 들어요."

그러자 이번에는 학생들 모두가 일제히 손을 들자 선생님은,

"모두들 알고 있으니까 가르쳐 줄 필요가 없군요."

하고는 나가버렸다.

그리고 그 다음 시간에 들어와서는,

"야구 선수 박찬호와 골프 선수 박세리를……."

하고 물으려고 하자 선생님의 질문이 채 끝나기도 전에 모두들 '와!' 하고 함성을 지르며 손을 치켜들었다. 그것을 본 선생님은 어이가 없다는 듯 눈을 크게 뜨고는,

"내가 뭘 물을지도 모르고 소리를 지르며 손을 드니 수업 태도가 정말 나쁘군요. 이런 학생들에게 이 선생님은 무척 실

망했어요. 다음부턴 절대 이런 태도를 보이지 말아요!"

하고는 나가버렸다.

다음 시간이었다. 선생님은 다소 굳어진 표정을 지으며 들어와 교단에 올라 서서 한참 동안 학생들의 표정을 훑어 보더니 말했다.

"유명하신 도산 안창호 선생님은 우리 나라를 구하는 데 온 힘과 마음을 바쳤습니다. 그리고는 결국 옥중에서 서거하셨지요. 그 훌륭한 분이 우리 나라를 구하기 위해 하셨던 큰 일이 무엇인지 아는 학생 손을 들어봐요!"

선생님의 질문이 끝나자 학생들 모두가 머뭇머뭇 하다가 반쯤은 손을 겨우 들었고, 그 절반은 손을 들지 않았다. 그러자 선생님은 한심하다는 듯이 혀를 한번 끌끌 차고는 말했다.

"정말 한심한 학생들이 반쯤 있군요. 최소한 이 정도는 알고 있어야지요. 이런 학생들을 가르쳐야 하니 정말 답답합니다. 아는 학생과 모르는 학생이 반반이니까, 아는 학생이 모르는 학생을 가르쳐 주도록 해요. 그럼, 이상으로 오늘 수업은 끝!"

☆   ☆   ☆

※ 선생님의 수업 방법이 다소 엉뚱하다고 생각되어도 그것은 그 선생님의 고유 방법이기 때문에, 그에 따라 열심히 배우는 자세를 가져야 하는 것이 학생으로서의 본분이라고 생각합니다. 아무리 엉뚱한 부분이 있다 하더라도 모든 선생님들은 자기의 제자들에게 한 가지라도 더 가르치기 위해 노력한다는 사실에는 의심의 여지가 없을 것입니다.

지난번 서울의 어느 초등학교에서 있었던 일처럼 초등학생이 담

임 선생님을 바꿔달라고 연좌데모를 하고 연대서명을 했다는 것은
참으로 부끄러운 일입니다. 또다시 이런 일이 있어서는 안 되겠습
니다. 마찬가지로 초등학생들에게까지 불신을 당하는 선생님이 있
다면 이 역시 우리 국가 장래에 불행한 일이 아닐 수 없습니다.

－ 제자(弟子)가 스승을 우습게 여기는, 교권(敎權) 없는 학원(學園)에
서 진정한 교육은 이루어질 수 없다. － <박정희 대통령>

거지의 아이디어

IMF 시대를 맞아 거지의 수법도 많이 달라졌다.

한 신사가 지나가자, 노리고 있던 거지 녀석이 얼른 뒤따라 가면서 말했다.

"저, 신사 아저씨, 지갑의 돈이 떨어진 것 같은데 혹시 아저씨의 것이 아닌가 해서요."

그러자 그 신사는 얼른 호주머니에서 지갑을 꺼내들고 지갑 속을 들여다 보고는 말했다.

"아니, 괜찮아. 내 돈은 떨어지지 않았어!"

그 말을 들은 거지는 반가워하며 싱긋 웃고는 말했다.

"그렇습니까? 다행입니다. 한푼만 적선하십쇼."

☆　　　☆　　　☆

※ 불은, 바람으로 타오르고 바람으로 꺼지게 됩니다. 산들 바람은 불길을 부채질하고, 강한 바람은 불길을 죽여버리는 것입니다.

- 인간은 종족이나 우열성 때문에 우수한 것이 아니다. 훌륭한 마음, 훌륭한 머리를 가진 자들이 우수하다. - <R. G. 잉거솔>

우는 이유

어느 레스토랑에 들어가 비프스테이크를 주문한 세침이가 갑자기 우울증에 빠진 사람처럼 슬픈 표정을 짓고 있었다. 그러다가 막상 주문한 음식이 나오자 그 비프스테이크를 한참 들여다 보더니 그만 하염없이 우는 것이었다.

새침이의 행동을 살펴보던 식당 아저씨가 이상하게 생각하고는 그 이유를 물었다. 그랬더니 새침이는 훌쩍이는 목소리로 안쓰럽게 말했다.

"그렇게도 덩치 큰 소가 이렇게 작은 고기 조각이 되기 위해 죽지 않을 수 없었던 것을 생각하니 슬프기 그지 없어서 그래요."

☆   ☆   ☆

※ 때로는 눈물이 미소보다 더 아름다울 때가 있습니다. 진정한 인간의 감정에서 우러나오는 눈물은 많은 악(惡)을 일시적이나마 선(善)하게 만들기도 합니다.

어느 시인은 눈물을 달콤하다고 표현했습니다. 즉, "달콤한 눈물! 그것은 무서운 언어요, 무한한 웅변이며, 말로 표현하기에는 너무나 벅차다."는 것입니다. 그러나 모든 눈물이 다 감동적이고 감성적이며 고고한 것만은 아닙니다. 눈물 뒤에 숨겨져 있는 음흉한 흉계를 경계하지 않으면 안 될 경우도 있다는 것을 잊어서는 안 됩니다.

　- 눈물은 지성적인 것이요, 한숨은 천사 같은 왕(王)의 칼이며, 순
교자의 비통하고 처절한 신음은 전능하신 자의 활시위를 떠난 화살
이다. - <W. 블레이크>

명 설교자가 되려면

설교를 잘하기로 소문난 목사님에게 경인이가, 자기도 말을 잘할 수 있는 방법을 가르쳐 달라고 했다. 그러자 목사님은 경인이의 머리를 한번 쓰다듬으며 말했다.

첫째, 내가 하고자 하는 말의 발음이 정확해야 할 것.

둘째, 말과 제스처가 일치해야 할 것.

셋째, 말이 막히지 않아야 하기 때문에 아는 것이 많아야 하므로 책을 많이 읽을 것.

넷째, 웅변조로 듣는 사람의 시선을 집중시키게 할 것.

다섯째, 여학생들이 좋아할 만큼 설교자의 외모에 신경을 쓸 것.

여섯째, 돈은 절대로 받지 말고, 오히려 줄 수 있는 방법을 택할 것.

일곱째, 남들이 듣고 싶어하는 말만을 할 것.

여덟째, 남들과 상관없는 나에 대한 말은 절대로 하지 말 것.

아홉째, 다른 사람의 예를 들 때는 반드시 즐거웠다거나 좋은 부분을 골라서 할 것.

열째, 연사의 신분이 학자이거나 박사면 더욱 좋은 것이야. 알겠나, 홍경인?

☆　　　☆　　　☆

※ 훌륭한 설교자는 사람들이 자신을 숭배하도록 이끌어야 합니다.
또 훌륭한 전도사는 사람들이 구세주를 찬미하도록 이끄는 사람입
니다. 미국의 문필가이며 정치가였던 B. 프랭클린은 "아무도, 그 어
떤 누구도 개미보다 더 잘 설교할 수는 없다. 그러나 개미는 말을 한
마디도 하지 않는다."고 했습니다. 조용한 설교, 부지런한 설교, 솔선
수범하는 설교야말로 큰 교훈이라는 것을 가장 잘 표현한 말이 아
닐까 싶습니다.
　　불가(佛家)의 설법 중에는 자기 혼자서 깨달음을 얻는 설법이 있
습니다. 누구로부터 설법을 듣는 것도 중요하지만 자신이 문답을
되뇌며 깨닫는 선문답도 차원이 높은 설법이라고 하겠습니다.

　- 달과 함께 구름을 걱정하고, 책과 함께 좀벌레를 걱정하며, 꽃과 함
께 폭풍우를 걱정하고, 선비나 미인과 함께 가혹한 운명을 걱정하는 것
은 부처님의 자비심을 지닌 자이다. - <임어당>

인 사

지나가는 예쁜 여자 아이를 보고, 한 남자 아이가,
"안녕하세요?"
하고 먼저 인사를 했다.
그러자 그 여자 아이는 깜짝 놀라듯 남자 아이를 쳐다봤지
만 누군지 알 수가 없었다. 그래서,
"어머, 누구신데요?"
하고 말하자 그 남자 아이가 하는 말,
"나 모르죠? 나도 몰라요!"

☆　　　☆　　　☆

※ 고대 로마의 철학자 키케로(cicero)의 저술에 보면 이런 대목이 나
옵니다.
　"농담할 때는 태도가 헤프거나 지나치지 말고, 우아하며 재치가
있어야 한다. 대체로 농담에는 두 가지가 있다. 하나는 야비하고 무
례하고 고약하며 추잡하고, 또 하나는 고상하고 우아하고 현명하며
재치가 있는 것이다. 때를 잘 맞추면 어렵고 부담스런 자리에서도
잘 어울리게 되지만, 잘못 때를 맞추면 천박한 사람에게도 비난을
당하게 된다."
　함부로 비열한 말장난은 하지 말아야 할 것입니다. 천박하지 않
은 농담을 때로는 재치라고도 말하지요.

　- 농담하는 사람이 스스로 웃으면 농담의 요점이 상실된다. - 〈실러〉

도둑맞은 물건

유머감각이 뛰어난 대통령이 있었다. 그는 유머감각 못지
않게 다양한 취미를 갖고 있었는데 그 중에서도 성냥갑 수집
에 대단한 관심을 기울이고 있었다. 세계 곳곳에서 만들어진
성냥갑을 수집하여 집무실 입구에다 수북이 쌓아두고는 집무
실을 방문하는 사람들에게 자랑을 늘어놓곤 하였다.

그렇지만 대통령의 관심과는 달리 대통령 집무실을 방문하
는 사람들은 이것을 대수롭지 않게 여겼다. 별로 값 나가는
것도 아니고, 그리 귀한 물건도 아닌지라 대통령 집무실을 방
문하는 사람들은 집무실 방문기념으로 이 성냥갑을 알게 모르
게 하나씩 가져가는 것이었다.

대통령은 대수롭잖은 물건을 대수롭잖게 하나씩 가져가는
방문객들에게 가져가지 못하게 할 수도 없는 일이라 궁리 끝
에 한 가지 아이디어를 냈다.

하찮은 것을 대수롭지 않게 가져가는 사람들에게 불쾌감을
주지도 않고, 가져가지도 않게 할 수 있는 방법을 고안해 낸
것이다. 그래야만 대통령의 체면과 권위도 살아날 것이었다.

유머감각이 뛰어난 이 대통령은 성냥갑에다 아주 조그맣게
얼른 봐서는 알아보지도 못할 정도의 작은 글씨로 인쇄한 스
티커를 붙이도록 했다.

"이 성냥은 대통령 집무실에서 도둑맞은 물건입니다."

☆　　　☆　　　☆

※ 유머는, 나의 마음을 부드럽게 하고 남의 기분을 유쾌하게 만들
수 있는 것을 골라야 합니다. 똑같은 표현과 표정으로 대한다 하더
라도 그 사람의 성격에 따라 다소의 변화는 있겠지만 대부분 부드
럽게 받아들이게 될 것입니다.
　그래서 그럴까요? "유머 감각에 둔한 사람, 유머에 둔한 머리치고
철저히 잘 짜인 머리는 없다."고 합니다.

　- 훌륭한 유머는, 사람이 사회에서 입을 수 있는 가장 훌륭한 의
복의 하나라고 할 수 있다. - <W. M. 대커리>

그럴 듯하다

한문 시간이었다. 학생들이 한자(漢字) 쓰는 연습을 하는 것을 살펴보던 선생님이 경인이 옆에서 발을 멈춰 서서는 말했다.

"경인이 너, 수풀 림(林) 자의 한 쪽 나무 목(木)자가 너무 작구나. 둘다 똑같게 써야지. 자, 이렇게 쓰는 거야."

선생님은 경인이가 쓴 글씨 옆에 정자(正字)로 크게 수풀 림(林) 자를 써 보였다. 그러자 경인이가 선생님을 쳐다보며 큰 소리로 말했다.

"아니예요, 선생님. 제가 쓴 것이 맞아요. 숲에 가면 큰 나무도 있고 작은 나무도 있잖아요."

☆　　　☆　　　☆

※ 『관자』(官子)에 보면 이런 대목이 나옵니다. "1년(一年)을 위한 대비책으로는 곡식을 심는 것보다 더 좋은 것이 없고, 10년(十年)을 위한 대비책으로는 나무를 심는 것보다 더 좋은 것이 없으며, 평생(平生)을 위한 대비책으로는 인간(人間)을 심는 것보다 더 좋은 것이 없다."

– 개인적 경험으로만 배울 수 있을 만큼 둔한 자는, 너무 둔하여 정작 중요한 것은 어떤 경험으로도 배울 수 없다. – <D. 마퀴스>

자유지만 말이야

의사 선생님이 지독히도 공부를 하기 싫어하는 만돌이를 진찰하고 있었다. 진찰을 해 보니까 가벼운 감기 증상이었다. 그러나 만돌이는 몹시 신경질적인 아이여서,

"선생님, 중태는 아닐까요? 이번 겨울은 악성감기가 자주 유행하고 있는 것 같은데요?"

그러자 의사 선생님은 이렇게 말해 주었다.

"아니, 괜찮아요. 하루 이틀 정도만 누워 있으면 나아요. 하기야 악성감기를 핑계로 학교에 가든 말든 그것은 만돌이의 자유지만 말이야."

☆　　　☆　　　☆

※ 자기 마음대로의 잣대로 자신을 재지 말고 분별있는 상황을 분명하게 판단하는 것이 표준이 되도록 하여야 합니다.

　－ 거의 보지 못하는 사람은 항상 보아야 할 것보다도 더 적게 보지만, 잘 듣지 못하는 사람은 들어야 할 것보다도 더 많은 것을 듣는다. －
　<니체>

합격하는 방법

점심 시간이었다. 급우들끼리 왁자지껄 떠들다가 기범이가
큰소리로 말했다.
"일류 대학에 들어가려면 어떻게 해야 하는지 알아?"
그 말을 들은 허재가 그것도 질문이라고 하느냐는 투로 말했다.
"그야 간단하지."
"간단하다니? 어떻게 하는 건데?"
그러자 허재는 빙긋 웃으며 약간 혀 짧은 소리로 말했다.
"그야 시험을 칠 때 정답만 골라 쓰면 되잖아, 이 껑달아!"
"그거 말 되네!"

☆   ☆   ☆

※ 무릇, 사람은 배우고 익혀야 할 시기를 놓치면 다시 그 기회를 얻
  기 어렵게 됩니다. 그래서 모든 것은 때가 있다고 말합니다.
  중국 고사에 이런 말이 있습니다.
  "사람이 뜻을 세우고 착실히 공부를 하면, 남들이 공격을 하든 말
  든, 남들에게 속건 말건 언제나 모두가 유익한 일이 될 것이며, 모
  든 것이 그 뜻한 바대로 큰 일로 발전하는 바탕이 될 것이다. 만약,
  공부를 하지 않고 그 시기를 놓친다면 그것이 모두 마귀가 되어 마
  침내는 그것들에게 압도당하고 말 것이다."
  기회를 잃으면 다시 그 기회를 만나기가 무척 어려운 법입니다.

  – 배우지 않으려면 태어나지 않는 편이 낫다. – <J. 헤이우드>

정답만
골라서 쓰면
되잖아 !

암　산

　승현이와 경인이가 학교 수업을 끝내고 집으로 가는 길에
수수께끼 놀이를 하고 있었다. 먼저 경인이가 말했다.
　"버스가 사람을 40명 태우고 출발하여 첫 번째 정류장에서
8명을 내려 주었다."
　그러자 곧바로 승현이가 대답했다.
　"32명 남았다."
　"그리고 한참 달리다가 다음 정류장에서 7명을 내리고 13명
을 태웠다."
　"38명!"
　"다음 정류장에서 3명이 내리고 6명이 탄 뒤 또 3명이 탔
다."
　"44명!"
　"또 다음 정류장에서 16명이 내리고 4명이 탔다."
　"32명!"
　"다음 정류장에서 7명 내리고 3명이 탔다."
　"28명!"
　"다음 정류장에서 12명이 내리고 8명이 탔다."
　"24명!"
　"그래, 지금부터가 제일 중요한 문제야. 지금까지 몇 정류장
을 지났지?"
　그러자 어안이 벙벙해진 승현이가 대답을 하지 못하고 눈만

껌벅이고 있었다.

☆　　☆　　☆

※ 위트는 섬광처럼 스치는, 두뇌의 반사신경을 살찌게 하는 좋은 보약입니다. 그리고 조크는 상대의 자존심을 다소 건드리지만 상대의 도량에 따라 오해가 되기도 하고 이해가 되기도 하는 특질을 갖고 있습니다. 그리고 유머는 부드러우면서도 듣고 읽는 사람에게 우아한 경지와 깊은 지식을 전달해 주기도 합니다.

우리 나라 고전에 보면 대단히 훌륭한 해학이 즐비하게 쌓여 있습니다. 우리 선조들의 지혜로운 해학은 세계 어느 유머보다 훌륭합니다. 그래서 한국적 풍자는 세계 도처에서 원용되기도 하지요.

풍자는, 날카롭고 번쩍이는 면도날처럼 거의 느껴지지도 않고 보이지도 않는 접촉으로 상대편에게 깊은 인상을 남깁니다.

－ 항상 도덕적이고, 항상 새로운 풍자는 독자를 즐겁게 하고 또 가르치기도 한다. 풍자의 훌륭한 페이지가 좋은 분별력으로 다듬어질 때, 자주 그 시대의 뿌리깊은 어리석음을 깨뜨려 버린다. － ＜N. 브왈로 데프레오＞

억울합니다

지각을 잘하는 국진이에게 선생님이 꾸중을 했다.

선생님 : 국진이 너는 어째서 매일 지각이냐?

국진이 : 억울합니다, 선생님. 어째서 저더러 매일 지각을 했다고 하십니까?

선생님 : 뭐야! 억울하다고? 정말 매일 지각을 하지 않았단 말이냐?

국진이 : 그렇습니다, 선생님. 출석부를 잘 보세요. 매일 지각만 한 것이 아니라 가끔은 결석도 했잖아요.

☆　　　☆　　　☆

※ 사람은 반드시 자신을 위하는 마음이 있어야만 비로소 자기 자신을 이겨낼 수 있고, 자기 자신을 이겨낼 수 있어야만 비로소 자기를 완성할 수 있다고 했습니다. 그런데 대부분의 사람들은 자기의 일보다 남의 일을 더 잘 알고 더 잘 판단합니다. 그것이 결코 옳지 않다는 것을 알면서도 말입니다.

– 내가 대통령이 되리라고는 그 누구도 예상하지 못했습니다. 가난에 시달린 여위고 긴 나의 얼굴에서 양배추의 싹이 움트고 있다는 사실을 아무도 알아채지 못했던 것입니다. – <A. 링컨>

계산 빠른 손자

손과 발, 얼굴을 잘 씻지 않는 초등학교 1학년 손자에게 할머니가 말했다.

"얘, 판돌아. 너, 세수를 하면 초컬릿 하나 주지. 그리고 만약 귓속까지 씻으면 두 개를 주고, 손과 발을 다 씻으면 세 개를 줄테다."

그러자 판돌이가 가만히 서서 생각하더니 말했다.

"그럼, 할머니. 그럴 게 아니라 그 초컬릿 한 통을 다 주세요. 아예 목욕을 해버릴게요."

☆　　☆　　☆

※ 사람은, 욕심이 많으면 의(義)를 저버리게 되고, 걱정이 많으면 슬기를 다치게 되고, 두려움이 많으면 용기를 축내게 된다고 했습니다. 욕심이 지나쳐서 망하는 사람은 있어도 욕심이 없어서 위험에 처하는 사람은 없습니다.

욕심이 많을수록 인간의 본성 역시 많이 잃게 되는 것입니다.

－ 큰 집 천 칸(千間)이 있다 해도 밤의 눕는 곳은 여덟 자뿐이요, 좋은 논밭이 만 경이나 되어도 하루 먹는 것은 두 되뿐이다. － <명심보감>

정직한 점원

의정이가 방학을 맞아 아르바이트 자리를 구했다. 상점의 점원으로 하루 여섯 시간씩 일하기로 한 것이다.

출근 첫날 의정이는 주인 아저씨로부터 근무 태도와 손님을 맞아들이는 방법, 그리고 주의 사항을 전달 받았다.

"항상 정직해야 하는 거야. 그리고 손님은 왕이야. 그러니 손님들이 항상 옳다는 걸 잊어서는 안돼, 알겠지?"

얼마 후, 가게에 들어온 손님들이 한참 동안 둘러보며 의정이에게 무언가를 묻곤 하다가 아무것도 사지 않고 그냥 나가 버리자 주인 아저씨가 의정이에게 물었다.

"어떻게 된 일이야? 손님들이 아무것도 사지 않고 그냥 나가버리잖아. 무슨 이유가 있었나?"

그러자 의정이는 민망스러운 듯 얼굴을 찡그리며 말했다.

"글쎄유. 특별한 이유는 없었시유. 그저 손님들이 값이 너무 비싸다고 하기에 '옳은 말씀이유'라고 했을 뿐인데유. 아저씨께서 무조건 손님이 옳다고 했잖은감유."

☆　　　☆　　　☆

※ 우리는 어릴 적부터 늘상 정직과 착함에 대해서는 귀에 딱지가 앉을 만큼 지겹게 들어왔습니다. 그러나 그 정직과 착함은 천만 번 들어도 나쁜 말이 아닙니다. 그런 말을 반복하여 듣도록 자기의 행동을 바꿔야 할 것입니다.

　정직하고 착한 사람에게는 부모나 학교 선생님들께서 정직하라거나 착한 행동을 하라는 충고를 절대 하지 않습니다. 그 말을 듣는 사람은 결론적으로 그 말을 자주 듣도록 자기 자신이 그렇게 행동을 했을 테니까요.
　정직한 사람이 큰 일을 당하여 불행하게 되었을 때는, 비탄과 칭송, 슬픔과 기쁨 모두가 하나라고 했습니다. 그 사람에게는 더 이상 나쁜 애기가 있을 수 없을 테니까요.

　- 정직을 잃은 사람에게 더 이상 잃을 것이란 없다. - <J. 릴리>

항 변

　선생님이 꾀돌이를 불러 꾸지람을 했다.
　"꾀돌이 너, 어제 시험 볼 때, 네 옆의 만돌이 답안지를 보고 썼다면서? 그게 정말이니?"
　"누가 그래요?"
　"교장 선생님께서 지나가다가 보셨대. 그거 나쁜 짓이라는 거 알아, 몰라? 공부는 하지 않고 만날 놀더니만 남의 답안지를 훔쳐 봤다구?"
　그러자 머리를 긁적이며 얼굴을 붉히던 꾀돌이가 항변하듯 말했다.
　"그럼, 그 시간에 선생님이 졸고 계시는 것도 보셨겠네요?"
　"? ? ? ?"

☆　　　☆　　　☆

　※ 재치도 한 가지 장점이 될 수는 있습니다. 어떤 질문을 받았을 때, 상대를 비롯하여 어느 누구에게도 피해를 입히지 않는 대답, 그리고 많은 사람들이 공감할 수 있는 재치는 하나의 지혜로 받아들여도 좋을 것입니다. 그러나 재치있게 한다고 한 대답에 악의가 서려 있다면, 차라리 아무 대답도 하지 않은 것보다 훨씬 더 나쁜 영향을 끼치게 된다는 점을 명심하십시오.

- 남의 잘못은 눈에 잘 띄지만 자신의 잘못은 잘 보이지 않는다. 남의 잘못은 가벼운 먼지처럼 쉽게 들춰 내지만, 자기의 잘못은 안으로 슬쩍 묻어버린다. - <법구경>

말이 영 안 가잖아유

한영초등학교 6학년 작문 시간에 선생님이 글짓기를 하라고 했다. 그 중에 경인이가 쓴 작문은 이러했다.

"드디어 보안관은 말 잔등에 뛰어올랐다. 보안관은 말 엉덩이를 휘갈기며 소리를 질렀다. 이랴! 이랴! 이랴! 이랴!……."

이 글을 본 선생님이 경인이에게 말했다.

"홍경인, 네 작문에는 어째서 '이랴! 이랴!'만 100번이 나오냐? 이게 어찌 작문이라고 할 수 있겠니?"

그러자 경인이가 당연하다는 듯 말했다.

"에이, 선생님두, 그 글을 보면 몰라유? 말[馬]이 영 안 갔잖아유. 말이 움직여야 그 다음 얘기가 나올 것 아닌감유!"

☆　　　☆　　　☆

※ 우리를 동요시키는 것이 인생이며, 우리를 안정시키고 확립시켜 주는 것이 문학이라고 했습니다. 그리고 가장 훌륭한 목적으로 정돈되고, 가장 강력한 힘과 가장 위대한 재능이 구사되며, 그것이 증발하거나 잊혀지지 않도록 기록된 언어(言語)를, 더 좋은 말이 없기 때문에 우리는 흔히 문학(文學)이라고 부릅니다.

– 한 가지 행동을 같은 장소에서 같은 날 곰곰이 오래도록 깊이 생각하라. 그러면 자신의 독자를 끝까지 붙잡아 둘 것이다. – <N. 브왈로>

여우의 잔꾀

호랑이는 육식동물이자 백수의 왕으로 불린다. 그런 호랑이
가 어느 날 여우를 한 마리 생으로 잡았다. 호랑이에게 잡힌
여우는 꼼짝없이 죽게 될 판이었다.

배가 고팠던지 호랑이는 입맛을 한 번 다시고는 이 여우를
어떻게 요리해 먹을 것인가 생각하며, 측은하게 풀이 죽어있
는 여우를 실눈을 뜨고 가만히 쳐다봤다.

그때 여우의 머리를 쨍하고 때리는 기발한 아이디어가 떠올
랐다. 목숨이 오락가락하는 순간에 머리를 스친 아이디어는
참으로 기막힌 것이었다.

여우는 축 늘어져 있던 꼬리를 치켜 세우고는 당당하게 호
랑이를 똑바로 쳐다보며 말했다.

"호랑이님, 나를 잡아먹으면 안 돼요. 나는 천제로부터 모든
짐승의 어른이 되라는 명령을 받았습니다. 이런 나를 잡아 먹
으면 당장 천제로부터 큰 벌을 받게 됩니다."

호랑이는 여우가 잔꾀를 부린다고 생각하며 말했다.

"이놈이 누구 앞에서 잔꾀를 부리려고 해? 당장 잡아먹어버
릴까 보다!"

그러나 여우는 이판사판으로 여유를 부리며 설득했다.

"내 말이 거짓말인지 참말인지 확인해 보고 싶으면 내 뒤를
한번 따라와 보십시오. 그러면 분명 내 말이 맞다는 걸 알게
될 것입니다."

호랑이는 여우의 말에 혹시나 하고 시험삼아 여우의 뒤를 따라가 보기로 하고는 일어나 걸어갔다. 그랬더니 정말 모든 동물들이 허리를 굽히며 여우가 가는 길을 피하는 것이었다. 그것을 본 호랑이는 갑자기 머릿발이 쭈뼛쭈뼛 일어나는 것을 느꼈다.

"아차, 큰일날 뻔했구나. 정말 여우의 말이 맞네. 내가 저놈을 잡아먹었더라면 진짜 천벌을 받을 뻔했잖아. 여우야, 고맙다. 잘 가거라."

호랑이는 오히려 천제로부터 벌을 받지 않도록 알려준 여우에게 고맙다는 인사를 하며 전송까지 해주었다.

그러자 여우는 속으로 쾌재를 부르며 중얼거리듯 말했다.

"이 병신 머저리 같은 놈아. 너는 힘만 세지, 대갈통은 먹통이란 말이야, 하하하."

사실 호랑이는 여우를 몰고 가는 자신을 보고 백수들이 허리를 굽히며 길을 피하는 줄도 모르고 여우의 간교한 수작에 걸려들었던 것이다.

☆　　　☆　　　☆

※ '어리석음'이라는 단어야말로 아마도 우리들 언어(言語) 가운데서 가장 애교있는 말일지도 모릅니다. 그러나 애교로 봐 넘기기엔 너무도 우둔한 경우가 많습니다. 현명한 사람은 자신이 지배받는 것을 허용하지도 않고, 또한 남을 지배하려고 기도하지도 않는다고 했습니다. 옳은 판단은, 많이 배우고 많이 앎으로써 빨리 터득할 수 있는 지혜인 것입니다.

　-그물 속에 바람을 잡아 넣을 수는 없다. - <C. H. 스퍼전>

더 넓은 곳

마음씨 착하기로 소문난 승현이가 공부에 열중하고 있었다. 그날의 숫자 계산은 너무 복잡해 책상 앞에 앉아 골몰해 있는데 파리 한 마리가 귀찮게 얼굴 주변을 윙윙거리고 있었다. 그러니 더욱 계산이 헷갈릴 수밖에.

참다 못한 승현이는 신경질적으로 자리에서 벌떡 일어났다. 귀찮게 구는 파리를 잡아 없애버려야겠다는 생각이었다.

승현이는 요리조리 도망다니는 파리를 따라 방안을 몇 바퀴 돌다가 드디어 그놈을 붙잡는 데 성공했다. 그러면서도 혹시나 파리가 다칠까 봐 조심조심 다루었다.

그러고는 창문을 열고 파리를 날려 보내면서 큰 소리로 말했다.

"자, 이제 멀리멀리 날아 가거라. 이렇게 넓고 넓은 세상이 있는데, 왜 하필 이 좁은 방안에 들어와 날 괴롭힌 거냐!"

☆　　　☆　　　☆

※ 넓은 세계에서 더 많고, 더 큰 것을 보고 느끼며 배워야 큰 일을 할 수 있는 것입니다.

－ 세상에 대한 지식은 세상에서 얻는 것이지, 좁은 다락방에서 얻는 것이 아니다. － <체스터 필드 백작>

그럴 수도 있지 뭐

시골 양조장 주변에 살고 있던 쥐 한 마리가 술독 주변을 맴돌다가 잘못하여 헛발을 딛게 되어 술독에 빠졌다.

술독에서 빠져 나오려고 허우적대다가 술을 잔뜩 마신 쥐새끼는 안간힘을 쓰다가 겨우 밖으로 나오게 되었다.

그때 마침 그곳을 지나던 고양이가 이 광경을 보고는 가소롭다는 듯이 말했다.

"정말 꼴불견이구나. 술독에 빠진 쥐새끼라더니 바로 너를 두고 하는 말이로구나."

고양이에게 놀림을 당하자 쥐는 은근히 부화가 치밀었다.

평소 같으면 고양이 발자국 소리만 들어도 오줌을 질금질금 싸면서 도망을 쳤을 쥐가 술에 취하고 보니 용기가 생겨 대담해졌다.

평소 고양이에게 유감이 많았던 이 쥐새끼는 이날 따라 용기 백배하여 고양이를 향해 돌진하여 한방 쥐어 박으며 큰소리쳤다.

"야, 고양이 너, 평소 유감 많았어. 오늘 나한테 혼좀 나봐라!"

얼떨결에 쥐의 공격을 받은 고양이가 깜짝 놀라며 한 걸음 뒤로 물러섰다. 술취한 쥐새끼의 공격이 만만치 않았던 것이다. 마치 죽기 살기로·덤비는 듯했다. 고양이는 다시 한 걸음 뒤로 물러서며 말했다.

"야, 말로 하자, 말로. 쥐어박기는 왜 쥐어박니? 요게 술취하니까 전혀 겁이 없네 그려."

자기의 공격이 주효했다고 여긴 술취한 쥐는 더욱 힘이 솟았다. 자기의 공격에 밀려 고양이가 덤비지 못하고 뒤로 물러서는 듯해 보이자 벌건 눈을 더욱 부라리며 덤빌 태세였다.

"말로 하자고? 말로 못하겠다면 어쩔 거야?"

술취한 쥐새끼한테 창피당할 것 같다는 생각을 한 고양이가 어이없다는 듯 한마디 던지고는 그 자리를 피했다.

"야, 이 쥐새끼! 너, 술 깬 다음에 보자!"

☆　　　☆　　　☆

※ 인간의 이성과 짐승의 본능 사이에는 큰 차이가 있습니다. 특히, 짐승은 알지 못하고 행하고, 인간은 자기가 안다는 사실을 알고 행한다는 점에서 더욱 그렇습니다. 짐승은 언제나 자기 방어를 위한 경계태세를 조금도 늦추지 않고 본능에 따라 행동하지만 사람은 그렇지 않습니다. 그래서 파스칼도 "인간은 생각하는 갈대"라고 하지 않았습니까?

– 현명한 자는 결코 앉아서 자신의 손해를 슬퍼하지 않고, 기꺼이 손해를 대신할 수 있는 방법을 강구한다. – <셰익스피어>

묘연한 행방

경인이가 갑자기 없어져 온 집안이 야단법석이었다. 막내라고 얼러주었던 것이 버릇이 나빠서 자주 꾸지람을 받았고, 가족들 모두가 가끔 혼내준 것이 화근이었다.

그러나 이미 소용없는 일이었다. 어떻게 하면 빨리 찾아낼 수 있을까가 문제였다.

사방팔방으로 수소문하고 찾아 보았으나 도무지 행방을 알 길이 없어 고심을 하고 있던 중 책상 서랍에서 조그마한 쪽지 하나를 발견했다. 할아버지를 비롯한 모든 식구들이 어떤 실마리라도 풀 수 있지 않을까 하고 기대에 찬 표정으로 빙 둘러앉아 그 쪽지에 시선을 모았다.

쪽지에는 다음과 같이 쓰여 있었다.

"우리 식구들 모두가 나를 싫어하는 것 같아 저는 식구들 앞에서 사라지기로 하였습니다. 물론 버릇없이 군 제 잘못도 있습니다만 너무 야단을 맞다 보니 자존심이 상해 더 견딜 수가 없어 이런 결정을 내렸으니 용서하십시오. 그리고 지금부터는 절대로 저를 찾지 말아 주십시오. 저는 분명히 할아버지를 비롯하여 모든 식구들을 사랑합니다. 안녕히 계십시오."

이 쪽지를 읽으면서 식구들 모두는 눈물을 글썽였고, 엄마는 소리내어 울기까지 하였다.

그때 할아버지가 긴 한숨을 내쉬며 그 쪽지를 다시 들여다 보니, 쪽지 끝부분에 깨알 같은 글씨로 희미하게 씌어진 추신이 있었다. 그 추신은 이러했다.

　"만약, 우리 집에 불이 난다거나 홍수가 나서 물이 넘치게 될 때는 급히 나에게 알려 주세요. 내가 다락방 구석에 숨어 있다는 것을 아무에게도 알리지 마십시오. 할아버지 혼자만 알고 계십시오."

☆　　　☆　　　☆

　※ 습관은 제2의 천성이라고 합니다. 그만큼 한 번 잘못 든 버릇은 고치기 어렵다는 말이지요. 우리 속담에, "세 살 버릇 여든까지 간다"고 했습니다. 좋은 버릇, 좋은 습관은 많은 이웃들로부터 존경받는 자신을 만들어 줍니다.

　－ 습관은 오래 계속된 실천이며, 결국에는 그 사람 자신이 되는 것이다. － <아리스토텔레스>

기막힌 하느님

정신병자 셋이 서로 우기고 있었다.
종팔이가 말했다.
"나는 유엔 사무총장이다."
그 말을 듣고 있던 용샘이가 따지듯 한마디 했다.
"니가 우째 유엔 사무총장이고?"
"하느님께서 날더러 유엔 사무총장 하라고 하셨어! 왜 떫나!"
대들듯 큰소리 치는 종팔이를 한번 힐끗 쳐다본 용샘이가 샘이 나는 듯 우쭐대며 다시 말했다.
"그럼, 내는 우리 나라 대통령이다, 마!"
"네가 우째 우리 나라 대통령이냐, 이 돌대가리야. 너 정말 거짓말쟁이로구나!"
"와, 거짓말이라꼬! 내도 하느님께서 우리 나라 대통령 하라고 했다 안카나. 와, 니도 떫나?"
종팔이와 용샘이가 서로 우기듯 따지는 말을 옆에서 가만히 듣고 있던 도종이가 끼여들었다.
"야, 이것들아! 내가 언제 니네들보고 유엔 사무총장, 우리 나라 대통령 하라고 했나?"
불쑥 끼여들어 내뱉는 어마어마한 한마디에 어안이 벙벙해진 종팔이와 용샘이가 도종이를 가만히 쳐다보더니 하는 말,
"어따매, 그라모 니는 하느님이네!"

☆　　　☆　　　☆

※ 공자께서 말씀하시기를, "사람들이 알아주지 않을 것을 근심하지
말고, 자기의 능력이 모자라는 것을 걱정하라"고 하셨습니다. 사람
은 우선 자기의 위치와 환경을 먼저 깨달아야 합니다. 빛이 밝아질
수록 우리들은, 우리들 스스로가 생각했던 것보다 자신이 훨씬 더
나쁘다는 것을 알게 되는 것입니다.

　- 농담이 유행하는 까닭은 그것을 지껄이는 사람들의 혀에 그 원
인이 있는 것이 아니라, 그것을 들어주는 사람의 귀에 원인이 있는
것이다. - <셰익스피어>

빨리 죽는 게 상책

연극배우인 종필이는 무대에 선 지가 꽤나 오래 되었지만, 연기력이 도무지 늘지를 않았다. 그래서 그는 언제나 단역에 출연하는 것이 고작이었다. 그러면서도 늘상 연출가나 감독으로부터 핀잔을 듣곤 했다. 그날도 그의 연기가 너무 서툰 걸 본 감독은 화가 났다. 감독은 무대 뒤로 그를 불러내 꾸짖듯이 말했다.

"이봐, 이종필! 오늘 공연에선 자네가 제3막에서 죽을 것이 아니라 제1막에서 죽는 걸로 해버리게!"

제3막 7장으로 구성되어 있는 그 연극에서 종필이는 제3막 중간 쯤에서 죽는 걸로 되어 있었다. 그동안 단역 출연이 고작이었던 그에게 이 연극이 유일하게 제3막까지 가는 배역이었다.

"아니, 왜 그래야 합니까, 감독님?"

그는 자기 자신의 미진한 연기력은 탓하지 않고 감독의 갑작스런 연출 변화에 화가 치밀어 감독에게 대들다시피 했다. 그러자 감독이 더욱 화가 난 목소리로 내뱉었다.

"자네 말이야, 그 따위 연기로는 도저히 관객들에게 호응을 얻을 수가 없어. 만약 그렇게라도 하지 않으면 자네는 격분한 관객들로부터 뭇매를 맞아 실제로 죽을지도 모르겠단 말이야!"

☆　　　☆　　　☆

※ 훌륭한 연기자는 대화 없이 우리와 말할 수 있는 능력을 가지고 있다. 훌륭한 연기자임을 나타내는 것은, 그들이 대사가 없을 때라도 자연스럽게 관객에게 보여 줄 수 있는 재치나 임기응변 능력이 있기 때문이다. 또한, 연기자에게는 얼마간의 열정과 관객의 열광이 있어야 더 나은 연기를 할 수 있다. 배우 혼자서만 하는 연기는 공염불이나 다름없다. 연기는 관객과의 호응 속에서 이루어지는 종합 예술이기 때문이다. 그래서 배우는 늘그막까지, 그리고 자기 전화번호와 자기의 주소를 잊은 지 오래 되고 나서도, 자기가 연기했던 공연 중 거의 중요하지 않았던 하찮은 작품들마저도 기억할 수 있는 열정을 가지고 있는 것이다.

－ 결코, 배우들의 일에는 참견하지 말라. 그들은 총애받는 계층이기 때문이다. 그들은 흥을 돋우고 즐거움을 주는 무리들이므로 모든 사람들은 그들을 아껴주며, 보호해 주어야 한다는 것을 잊지 말라. － <세르반테스>

꼬마 부부

돌이와 순이가 소꿉놀이를 하고 있었다. 둘은 엄마, 아빠 놀이를 하면서 다정히 손을 잡고 이웃집으로 놀러 갔다.

기특하고 천연덕스런 아이들이 귀여워서 이웃집 아주머니는 거실로 들어오게 하여 우유와 과자를 내놓았다.

우유를 단숨에 마시는 애들을 본 아주머니가 다시 주스를 따라 주려고 하자, 순이가 거절을 하며 하는 말,

"아줌마, 고마워요. 그런데 이제 그만 가봐야겠어요."

"왜? 이 주스도 마시고, 좀 더 놀다 가지 그러나?"

그러자 순이는 손가락으로 돌이를 가리키며 말했다.

"애들 아빠가 오줌을 싸서 바지가 젖어버렸어요."

☆　　☆　　☆

※ 사람은 태어나면서부터 늙을 때까지 항상 변하게 됩니다. 어린이
   는 어른의 흉내를 내면서 성장하게 되고, 언제 어느 순간을 막론하
   고 모습과 얼굴과 몸체와 지혜와 행동이 똑같은 날은 없습니다.

　- 이렇듯 항상 변하고 성장하지만 죽을 때까지도 완전한 인간이
못된다. - <B. 프랭클린>

속임수 예절법

① 하품을 할 때는 반드시 거울 앞에서 하라. 어금니를 들여다 보는 것도 잊지 말 것.

② 손톱을 이빨로 물어뜯을 땐 반드시 나머지 손을 머리에 얹고 하라. 이때 눈마저 감으면 명상에 잠긴 것같이 보이게 된다.

③ 침을 뱉을 때는 반드시 담뱃불 위에 하라. 불조심은 공중도덕의 제일 조건이다.

④ 호주머니에 돈이 얼마나 남았는지를 확인할 때는 전철표를 파는 곳 앞에서 하면 100원짜리 동전이 쏟아져 나와도 조금도 부끄러울 것이 없다.

⑤ 낮잠을 잘 때는 반드시 머리맡에 책을 펴 놓아라. 열심히 책을 읽다가 잠이 든 것처럼 보일테니까.

☆   ☆   ☆

※ 남을 속인다는 것은 자기를 위장하거나 속이는 것과 다름없습니다. 속는 사람에게 별로 영향을 미치지 않는다 하더라도 자기 자신에게는 많은, 좋지 못한 습성으로 변할 수도 있는 것입니다.

- 예의는 쓸모없는 것이 아니라, 성실한 성품과 고상한 마음의 열매다. - <A. 테니슨>

헷갈리는 계산법

동삼이와 대순이가, 남자와 여자의 우월성에 대해 심각하게 토론하고 있었다.

먼저 동삼이가 남자의 위대함을 말했다.

"세계를 움직이는 건 역시 남자란 말이야."

그러나 대순이도 지지 않고 여자의 우월성에 대해 말했다.

"세계를 움직이는 건 남자라고 하지만, 그 남자를 움직이는 건 역시 여자란 말이야."

그러자 다시 동삼이가 자신만만하게 말했다.

"여자를 움직이는 건 보석이다. 그러나 그 보석을 캘 수 있는 건 남자란 말이야!"

"? ? ? ?"

☆　　　☆　　　☆

※ 남자에게는 남자 나름의 의지가 있고, 여자에게는 여자 나름의 방식이 있습니다. 남자는 남자로서 행할 책임이 있고, 여자는 여자로서 사명이 있습니다. 이래서 남자와 여자는 똑같은 개체로서 숙명적 만남을 이루고 함께 동거동락을 하는 것입니다. 그리하여 하나의 집안을 이루고 집단을 이루고 사회를 형성하게 되는 것입니다.

　－ 남자의 으뜸 가는 기쁨은 여자의 자존심을 만족시키는 것이지만, 여자의 으뜸 가는 기쁨은 남자의 자존심을 해치는 것이다. － ＜버나드 쇼＞

명 답(Ⅱ)

승현이는 무엇이든 잘 알아맞히는 척척박사였다. 그래서 그는 여러 친구들로부터 언제나 부러움을 샀다. 경인이는 그것이 못마땅했다.

승현이가 자기보다 훨씬 잘나 보인다는 사실이 자존심을 상하게 만드는 것이었다. 그러나 어쩔 수 없었다. 그것이 사실로 공인되어 있는 일이기 때문에 어쩔 도리가 없는 것이었다. 그래 새로운 것으로 승현이를 골려줄 수 있는 방법을 만들어야만 했다.

승현이의 자랑스러워하는 모습이 언제나 눈에 거슬려 견딜 수가 없어, 어떻게 하면 단 한 번이라도 골려줄 수 있을까를 곰곰이 생각하다가 드디어 한 가지 문제를 고안해 내 제시하기로 한 것이다.

"승현아, 너 이리 좀 와봐. 내가 너에게 굉장히 어려운 문제를 낼 테니, 네 그 좋은 머리로 한 번 맞혀봐. 이 문제만은 너도 못 맞힐거다."

"뭔데 그래?"

"너 말이야, 신이 거꾸로 서면 무엇이 되는 줄 알아?"

경인이는, 아무리 머리가 좋은 승현이라 하지만 이것은 알지 못할 것이라고 생각하며 마음속으로 쾌재를 부르고 있었다. 그러자 승현이가 대답했다.

"그건 말이다. 개가 되는 거야."

경인이는 신이 거꾸로 서면 개가 된다는 승현이의 대답이
어째서, 어떤 논리로 설명할까 하며 다시 물었다.
"어째서?"
"그야 god(신)을 거구로 쓰면 dog(개)가 아니냔 말이야."
승현이의 말에 경인이는 어리둥절하며 말했다.
"? ? ? …… 역시 넌 머리가 잘도 도는구나!"

☆　　☆　　☆

※ 약한 것은 결코 수치가 아닙니다. 그 약함을 알고 철저히 대비하
　 지 못하는 것이 수치입니다. 가난하고 천한 것도 부끄러울 것이 없
　 습니다. 도리를 배워 행하지 않는 것이 진정 부끄러운 것입니다. 많
　 이 알지 못하거나 공부를 못하는 것도 결코 수치스럽거나 부끄러운
　 것이 아닙니다. 자기 자신이 공부를 못하고 아는 것이 부족한 것에
　 대해 반성하지 못하는 것이 부끄러운 것입니다.

　 - 가장 천하고 보잘 것 없다고 믿어지는 사람들이, 대개는 가장
야심적이고 시기심이 강하다. - <스피노자>

누가 바보인가

체육 시간에 선생님이 아이들에게 물었다.

"야구경기 중에 투수가 공을 던질 때 한쪽 발을 드는 이유가 뭘까요?"

그러자 재빨리 경인이가 대답했다.

"네, 두 발을 다 들면 엉덩방아를 찧게 되기 때문입니다."

큰소리로 대답을 하고 난 경인이는 자리에 앉으면서 싱긋 웃으며 혼자말로 중얼거렸다.

"그것도 모르나 봐. 선생님은 바본가 봐."

☆   ☆   ☆

※ 어떤 일이건 규칙이 정해져 있어서 그 규칙에 따라 행동해야 합니다. 특히 운동경기에서는 규칙이 매우 엄격합니다. 그 규칙을 위반하여 반칙을 하면 경고를 받기도 하고, 심지어는 퇴장을 당하기도 합니다. 엄격한 규칙을 지키며 정정당당하게, 그리고 열심히 경기에 임해야만이 관중들도 즐거워하고, 선수들 자신도 힘이 솟고, 기분이 좋게 되지요.

　그러나 운동경기에서는 지켜야 하는 규칙만 있는 것은 아닙니다. 어떤 경기에서든 기본자세가 중요합니다. 운동선수들의 자세는 많은 관련 연구기관이나 학자들이 임상실험 및 연구를 거듭하여 개발해 낸 결과물입니다. 어떤 경우에는 어떤 자세로 스타트를 하는 것이 가장 효과적이라든가, 어디에서 어디까지는 어떤 방법으로 경기에 임하는 것이 끝까지 가장 잘할 수 있는가를 연구 종합해 기본틀

로 체계화시킨 것이 기본자세이므로 선수들이 호흡을 맞춰 그 자세
로 임하는 것은 당연한 일일 것입니다.
　물론, 선수 개개인의 습관과 개성에 따라 모양은 조금씩 다르게
나타나겠지만, 그 기본틀은 거의 대동소이 하다는 것을 알아둘 필
요가 있습니다.

　- 습관은 제2의 천성이다. - <몽테뉴>

피장파장 거짓말

경인이가 군에 입대하여 겨우 서너 달이 되었을 때, 군대 생활이 지겨워 꾀를 부렸다. 거짓말을 하여 외출을 허락받기 위해 중대장에게 가서는 경의를 표하며 큰소리로 말했다.

"충성! 육군 홍일병, 중대장님께 용무가 있어서 왔습니다!"

중대장은 홍경인의 늠름하고 씩씩한 기상이 가상하여 부드럽게 맞아주었다.

"응, 홍일병인가? 그래, 나에게 무슨 용무가 있는지 어서 말해 봐."

"넷, 중대장님! 저에게 3일 동안만 외출을 허락해 주시기 바랍니다."

"이유가 뭔가?"

중대장은 여전히 부드럽게 대했다.

"넷, 집에서 아내가 이사를 하기로 했답니다. 그래서 제가 가서 도와주지 않으면 안 되겠다는 연락이 왔습니다. 더군다나 아내는 지금 임신 4개월이 되었거든요."

"지금 홍일병 뭐라켓노? 부인이 임신을 했다고?"

"넷, 그렇습니다."

"어째서? 자네가 입대한 지는 얼마나 됐지?"

"넷, 4개월째로 접어 들었습니다. 제가 입대하면서 임신을 시켰거든요."

"그으래? 입대 바로 전에 임신을 시켰다?"

“넷, 그렇습니다.”

중대장은 잠시 무언가 셈을 하듯 하며 고개를 갸웃거렸다.

“좌우지간 3일 간만 외출을 허락해 주십시오!”

중대장은 홍일병의 눈을 똑바로 쳐다보다가 작은 소리로 말했다.

“그런데 말이야, 홍일병. 그 이사에 대해서는 자네가 걱정을 하지 않아도 될 것 같네. 자네의 부인께서 나에게 연락을 했는데 귀관의 사촌 동생이 이삿짐을 옮겨 주기로 되어 있으니 염려말라고 했다네. 알겠는가?”

“넷? 그럴 리가 없는데요?”

그러자 중대장은 버럭 소릴 질렀다.

“홍일병! 그럼, 자넨 지금 내가 거짓말을 하고 있다고 생각하나?”

“아닙니다! 저는 다만……. 아무튼 잘 알겠습니다. 육군 홍일병, 중대장님께 용무 끝내고 돌아가겠습니다.”

홍일병은 경례를 하고는 머리를 긁적이며 물러나왔다. 그러나 분명 중대장님도 거짓말을 하고 있는 거였다. 그래서 물러나 걸음을 옮기면서 중얼거리듯 말했다.

“우리 중대엔 지독한 거짓말쟁이가 적어도 두 놈은 있는 모양이야. 우리 아버지는 독자시기 때문에 나에겐 사촌 동생이 있을 리가 없고 난 아직 장가를 들지 않았단 말이야.”

☆   ☆   ☆

※ 한 가지 거짓말을 하기 위해서는 아홉 가지 거짓말을 해야 합니다. 그러나 그 역시 완전한 거짓말이 될 수는 없는 것이지요. 내가

거짓말을 하고 있다는 것을 상대편이 알고 있을 때, 그도 나에게
거짓말을 하게 된다는 사실을 잊지 마십시오.

- 최초로 하나의 과오를 범하고, 그것을 감추기 위해서 거짓말을
하는 사람은 과오를 둘로 만드는 셈이다. - <I. 위츠>

훌륭한 목소리

성악가가 되겠다고 마음먹은 희석이가 선생님에게 자기 목소리가 어떠냐고 물었다.

"선생님, 제 목소리 쓸만하지요? 이만하면 훌륭하지 않습니까?"

그러자 선생님이 얼른 되받아 말했다.

"아무렴, 쓸만하고 말고. 불이 났을 때나 도둑이 들었을 때 필요한 아주 훌륭한 목소리야!"

☆　　　☆　　　☆

※ 개성과 인간과의 관계는 향기와 꽃의 관계와 같습니다. 사물의 본질을 제대로 알지도 못하면서 자료를 분별하고 활용하고자 하는 것은, 마치 학의 다리를 잘라 짧게 하고, 오리 다리를 이어 길게 하려는 것과 같을 것입니다.

－ 난쟁이가 산꼭대기에 올라선 다 해서 키가 커지지는 않는다. 거인이 우물 속에서 우뚝 서도 자기 키는 그대로인 것이다. － <세네카>

그럴 듯한 암수 감별

선생님이 자연 시간에 공부할 곤충을 잡아오라는 숙제를 냈다.

다음날, 경인이는 도저히 곤충을 잡을 수가 없어서 파리를 잡아왔다. 선생님이 그것을 보고는 말했다.

"경인이는 곤충채집 하러 나가지 않았구나. 집에서 잡아 왔지? 그것을 곤충이라고?"

"네, 이 파리도 곤충임에 틀림없습니다. 이놈들을 잡는 데만도 꽤 힘들었습니다."

워낙 꾀를 잘 부리는 놈이라 선생님도 그냥 넘기려고 하는데 경인이가 말했다.

"선생님, 이 세 마리는 암놈이고, 이 두 마리는 수놈입니다."

선생님은, '이놈이 또 이상한 수작을 부리는구나' 하고 물었다.

"어떻게 그 파리가 암놈인지, 수놈인지를 알지?"

그러자 경인이는 자신있게 대답했다.

"네, 그건 말입니다. 이 세 마리는 화장대 위에서 놀고 있던 놈이고, 여기 두 마리는 맥주병에 앉아 있던 놈이거든요."

☆   ☆   ☆

※ 집이 내려앉기 전에, 그 집을 떠나야겠다고 확신하는 것이 쥐들의 지혜라고 합니다.

무모한 일을 하지 않는 것이 지혜의 특징이며, 어리석은 짓을 삼

가는 것이 지혜를 얻는 첫걸음이라고도 말합니다. 지식은 전달될
수 있어도 지혜는 전달될 수 없습니다. 사람은 지혜를 찾을 수 있
고, 실천할 수 있고, 그것에 의해 강화될 수 있고, 지혜를 통해 놀
라운 일을 행(行)할 수도 있습니다. 그러나 그것을 전달하고 가르칠
수는 없는 것입니다.
　장자(莊子)에 의하면, "하늘이 무엇인지를 알고, 사람이 무엇인지
를 아는 사람은 최상의 지혜에 이른 것이다. 하늘이 무엇인지를 아
는 자는 하늘의 뜻대로 살며, 사람이 무엇인지를 아는 자는, 아는
지혜로써 모르는 지혜를 발전시킨다."고 했습니다.

　- 쓰러지면 일어나고 좌절하면 더 잘 싸우고, 자고 나면 깨는 것
이 우리 인간이다. - <R. 브라우닝>

생선 뼈도 뼈다

수업 시간에 선생님이 인체 구조에 대해서 설명하고 있었다.

"우리들 인체에는 뼈가 모두 208개로 구성되어 있어요. 그리고 에, 또……."

그때 의정이가 벌떡 일어서서 큰소리로 물었다.

"선생님, 인체의 뼈 수가 사람마다 다를 수도 있잖아요?"

"그렇지 않아. 우리 몸에는 똑같이 208개의 뼈로 구성되어 있단다."

"아닙니다. 저는 209개입니다."

"그럴 리가 있나. 의정이만 특별히 209개가 될 수는 없어. 다른 사람보다 1개가 더 많을 수는 없는 법이지."

그러자 의정이는 얼굴을 살짝 붉히면서 말했다.

"사실은요, 오늘 아침에 밥을 먹으면서 생선 뼈를 하나 삼켰거든요."

"뭐라고? 그건 생선 뼈지, 너의 몸을 구성하는 뼈가 아니란 말이야, 알겠나?"

☆   ☆   ☆

※ 육체보다는 영혼을 먼저 치료해야 한다고 말합니다. 불행한 인생보다는 죽음이 오히려 낫다는 말이지요. 영혼이 깃들여 있지 않은 육체는 살아 있다 하더라도 살아 있다고 말할 가치가 없는 것입니다.

– 몸이 뚱뚱하면 뇌는 홀쭉하다. – <보몬트와 플레처>

왜?
인체의 뼈
208개

좋은 아이디어

서로 사랑하는 쥐 두 마리가 으슥한 뒤뜰에서 데이트를 즐기고 있는데, 다른 쥐들이 따라다니며 성가시게 굴고 있었다. 그것이 몹시 귀찮아진 이 사랑하는 쥐 둘이 의논을 한다.

먼저 수놈 쥐가 말했다.

"저놈의 쥐새끼들, 내가 가서 한방 쥐어 박아 버릴까?"

이 말을 들은 암놈 쥐가 조용히 말했다.

"아니야, 그러다가 싸움이라도 벌어져 우리 달링 다치면 어쩔려구. 그럴 게 아니라 아무도 모르게 우리가 쥐약을 놓아버리는 게 어때?"

수놈 쥐가 한참 생각하다가 특별한 묘안이 떠올랐다는 듯이 말했다.

"그럴 필요 없어! 차라리 우리가 고양이를 몇 마리 키우는 것이 좋겠어!"

☆　　☆　　☆

※ 네가 네 자신을 알려거든 다른 사람들이 어떻게 하는가를 보기만 하고, 네가 다른 사람들을 이해하려거든 네 자신의 마음속을 들여다 보라.

　자기의 잘못은 좀처럼 자기 자신에게 나타나지 않는 법이니 자기 잘못은 모르고 남을 먼저 탓하는 일이야말로 자기의 큰 약점이라는 것을 알아야 합니다.

- 다른 사람이 너에게 해 주었으면 하는 것처럼 다른 사람에게 하지 말라. 다른 사람들의 취향은 똑같지 않을 수 있다. - <버나드 쇼>

복잡한 혈통

동훈이가 심각한 표정을 지으며 말했다.

"아빠, 난 아무래도 아빠 아들이 아닌가 봐요."

느닷없이 뚱딴지 같은 말을 하는 아이를 쳐다본 아버지가 물었다.

"왜? 누가 뭐라고 그러던?"

"만나는 사람마다 내가 아빨 조금도 닮지 않았다는 거예요."

"아들이 아빨 안 닮고, 누굴 닮았다는 겐가?

"할아버지를 꼭 빼닮았대."

"뭐?"

☆　　　☆　　　☆

※ 부전자전, 아들이 아버지를 닮고, 아버지가 할아버지를 닮는 것은 모든 생명체의 유전과 같은 것입니다.

　- 우리를 조부자지간(祖父子之間)으로 맺어주는 것은 혈육에서도 기인하지만 애정으로부터가 더욱 강하다. - <실러>

입 안에 든 말

원래 말주변이 없는 삼웅이가 여자 친구와 애기를 나누다 말이 막혔다.

"글쎄, 그게 무엇이더라? 입안까지 나와 뱅글뱅글 맴도는데 얼른 튀어나오질 않는단 말이야."

그런 모습을 보다 못해 진실이가 상냥스럽게 말했다.

"그래? 그럼 아, 하고 입을 크게 벌려 봐! 내가 얼른 끄집어 내 줄게."

☆   ☆   ☆

※ 천진난만함이 곁들인 명랑한 기질은 아름다움을 더욱 매력있게 할 뿐만 아니라 지식을 더해 주고, 재치를 더욱 번득이게 만듭니다.

- 진절머리나는 사람을 떼어 낼 수 있는 비결은 마구 지껄이는 것이다. - <볼테르>

그 말도 맞네

선생님께서 병(病)에 대해 열심히 설명하고 있었다.

"바깥에 나갔다 들어오면 손발을 깨끗이 씻어야 하고, 규칙적인 생활을 해야 하고, 운동도 열심히 해야 하고, 음식을 골고루 먹어야 하고, 잠도 충분히 자야 하고……."

이때, 맨 뒷좌석에서 잠돌이가 졸고 있는 모습이 눈에 띄었다. 선생님은 큰소리로 잠돌이를 불렀다.

"저기 졸고 있는 잠돌이, 일어섯!"

선생님의 고함 소리에 잠돌이가 엉겁결에 벌떡 일어났다.

"네, 선생님!"

그러자 선생님은 언짢은 표정을 지으며 말했다.

"방금 선생님이 설명한 병을 없애려면 어떻게 해야 한다고 말했는지 다시 말해 봐!"

선생님의 설명을 듣지 못한 잠돌이는 병(病)을 유리병이라는 것으로 착각하고는 얼른 대답했다.

"네! 선생님. 병을 없애려면 첫째, 선생님을 위시한 모든 어른들이 술을 마시지 말아야 하고, 둘째는 술을 아예 만들지 말아야 병이 많이 없어집니다!"

☆　　　☆　　　☆

※ 안으로 훌륭한 부모 형제가 없고, 밖으로 엄한 스승과 친구가 없이, 능히 성취한 사람은 드물다고 했습니다. 인간이 자기의 목적하

는 바를 이루는 데 있어서, 가장 영향을 많이 받는 사람은 바로 스승이며, 부모 형제라는 걸 잊어서는 안 됩니다. 물론, 좋은 친구도 빼놓을 수 없는 스승이 되기도 합니다.

좋은 생각은 좋은 일을 추구하는 데 크게 도움을 줍니다. 그리고 좋은 친구는 자기의 동행자가 아닐지라도 좋은 조언자가 될 것입니다. 예부터 그 사람을 알기 위해서는 그의 친구를 보라고 했습니다. 좋고 훌륭한 스승을 만나면 그의 학문을 따르고, 그의 교훈을 본받아 자기 스스로 개척해 나가는 자세로 가다듬어야 하는 것입니다.

- 성공적인 교사가 분 비누 방울보다 더 훌륭한 무지개 빛깔이 나든가 더 오래 떠 있는 비누 방울은 없다. - <W. 오슬러 경>

최후의 수단

창명이 아저씨는 봉구 아저씨가 경영하는 식당에 가서 저녁 식사를 주문했다.

"식사 값은 가지고 있는가?"

봉구 아저씨는 창명이 아저씨가 만날 빈둥거리며 놀고 있다는 것을 알기 때문에 그렇게 물었다. 게다가 그는 걸핏하면 식사를 하고 난 후, 지금 돈이 없으니 외상으로 적어 두라는 것이 버릇처럼 되어 있었기 때문에 그날 따라 더 견제를 하듯 말했다.

그 말을 들은 창명이 아저씨는 자기 호주머니를 뒤져보는 척했으나 돈이 있을 리 없었다.

"그럼, 별 수 없지 뭐. 창명이, 그냥 나가주게. 오늘도 또 속을 수는 없어."

봉구 아저씨는 냉정하게 말했다. 그러자 창명이 아저씨가 따지듯 말했다.

"밥을 줄 수 없다고?"

"그렇다니까!"

"왜?"

"왜는 뭐가 왜냐? 자네 한테 돈이 없으니까지."

"돈이 있는지, 없는지 자네가 어떻게 알아?"

"그야 뻔할 뻔자 아닌가! 방금 자네가 호주머니를 뒤져 봤잖나!"

다소 민망했던지 창명이 아저씨는 버럭 소리를 지르며 화를
냈다.

"그으래? 음식을 못 주겠단 말이지? 좋아. 자네가 정 그러
고 싶다면, 난 우리 할아버지께서 하시던 식으로 해치우는 수
밖에 없겠네."

그러면서 창명이는 식당 안을 왔다갔다 하면서 소리를 버럭
버럭 질렀다. 소리만 질러대는 것이 아니라 가끔은 의자를 발
로 차기도 하고, 주먹으로 탁자를 쿵쿵 치기도 하는 거였다.

"난, 우리 할아버지가 하던 식으로 할테다! 그렇다! 그렇게
할테다! 반드시 그렇게 하고 말테다!"

식사를 하고 있던 손님들은 겁을 먹은 듯 슬금슬금 자리를
피했다. 주인인 봉구 아저씨는 이 미치광이처럼 날뛰는 꼴이
얄밉기도 했지만, 다른 손님들의 이목도 있고 하여 창명이 아
저씨를 달래야겠다고 생각했다. 그대로 두었다가는 어떤 변고
가 일어날지 알 수 없는 거였다.

그래서 하는 수 없이 창명이 아저씨를 달래어 의자에 앉히
고는 식사 대접을 했다. 창명이 아저씨가 식사를 거의 했을
때, 봉구 아저씨가 다가가 앞에 앉으며 물었다.

"자네 말이야. 이 식사 값은 외상으로 달아 놓겠네. 그런데
아까 자네가 말했던 게 무척 궁금하네. 도대체 자네 할아버지
께서는 그럴 때 어떻게 하셨는데?"

그러자 창명이 아저씨는 태연하게 말했다.

"아, 봉구 아저씨, 식당 사장님! 지금 우리 할아버지께서 그
럴 때 어떻게 하셨냐고 물었습니까? 그것이 그렇게 궁금하시
다고요? 그러시다면 제가 꼭 말씀을 드려야겠군요. 안 그렇습

니까, 봉구 사장님?"

창명이 아저씨는 손으로 부른 배를 쓰다듬으며 능글맞게 농담조로 말했다. 그 말에 은근히 화가 솟은 봉구 아저씨가 언성을 높여 재촉했다.

"우스개 소리 그만하고, 얼른 대답이나 해!"

그러자 창명이 아저씨는 봉구 아저씨의 귀를 끌어당기더니 조그마한 목소리로 말했다.

"그럴 때 우리 할아버지께서는 식사를 하지 않고 그냥 일찍 감치 집에 가서 주무셨겠지, 뭐."

☆　　　☆　　　☆

※ 새로운 기회는 우리에게 또 새로운 의무를 부여하기도 하고 가르쳐 주기도 합니다. 그러나 요즘의 세태는 옛날의 착했던 마음들을 어지럽게 만들고, 베풀었던 정의가 이기로 변하게 했습니다. 안타까운 일이지만 지금부터라도 모든 개개인이 옛날의 착하고 아름다웠던 마음들을 하나씩 하나씩 되찾겠다는 생각을 한다면 좋은 이웃이 될 것입니다.

— 우리의 소유인 자연의 재산과 아름다움을, 우리보다 앞서 간 사람들이 우리에게 물려준 그대로, 조금도 손상시킴이 없이 우리를 뒤따를 사람들에게 물려주어야 하는 것이 우리 시대와 우리 세대에게 주어진 우리들의 임무이다. - <J. F. 케네디>

제 2 부

풍부한 유머를
구사할 수 있는 사람이
실패한 경우는 거의 없다

생각 차이

독실한 기독교 신자가 혼자 산길을 가다가 호랑이를 만났다. 그는 하나님께 구원의 기도를 시작했다.

"하나님 아버지시여, 저를 이 곤경에서 구해 주십시오. 저는 곧 호랑이의 밥이 될지도 모를 순간을 맞고 있습니다. 부디 저를 이 호랑이의 밥이 되지 않도록 보살펴 주시옵소서. 아멘!"

그는 한참 기도를 하다가 주위가 조용하다는 것을 느끼고는, 자기의 기도가 효험이 있어서 호랑이가 도망을 간 것으로 착각, 살며시 눈을 떠 보았다. 그런데 그 호랑이가 도망은커녕, 오히려 엄숙하게 앉아서 기도를 하고 있는 거였다. 그 호랑이는 이렇게 주문을 외고 있었다.

"하나님, 고맙습니다. 오늘도 이렇게 맛있는 음식을 주셔서 대단히 감사합니다. 주 하느님의 이름으로 감사히 먹겠습니다. 아멘!"

☆　　　☆　　　☆

- 악행 중에서 위선자의 악행보다 더 비열한 것은 없다. 그는 가장 위선적인 순간에 가장 고결한 체하려고 조심하는 자이다. - <키케로>

심부름

짓궂은 남자 아이가 있었다. 그는 걸핏하면 지나가는 아이들을 놀려주곤 했다. 그날도 그는 어떻게 하면 아이들을 놀려줄까 궁리하고 있는데, 마침 여자 아이 셋이 지나가는 거였다. 그는 그 세 여자 아이들에게 큰소리로 말했다.

"야! 너, 이리 와 봐!"

그 말을 들은 세 여자 아이가 동시에 뒤돌아보며 한 아이가 말했다.

"나 말이야?"

그러자 남자 아이는 손가락으로 가리키며 대답했다.

"아니, 너 말고 네 옆에 있는 애!"

남자 아이가 지적한 여자 아이가 남자 아이 앞으로 다가가 말했다.

"왜 그래? 왜 날 불렀어?"

남자 아이는 여자 아이에게 조용히 말했다.

"미안하지만 내 심부름 좀 해줄래?"

"무슨 심부름인데?"

"말해도 괜찮겠니?"

"말해 봐!"

"그럼 말이야. 저기 서 있는 저 아이 보고 이리 좀 와 보라고 해!"

"? ? ? ?"

☆   ☆   ☆

※ 한 발을 헛디디면 다른 한 발이 중심을 잡아 줄 수 있기 때문에 금방 다시 일어설 수 있으나, 한 번 헛나온 말은 결코 다시 되찾을 수가 없는 것입니다. 그래서 재산을 보호하는 것보다 말을 조심하는 것이 더 중요하다고 했습니다.

　말을 적게 함으로써 뉘우치게 되는 경우는 거의 없지만, 너무 많이 함으로써 뉘우치게 되는 경우는 아주 많을 것입니다.

　- 깜박이는 한 점의 불티가 능히 넓고 넓은 숲을 태우고, 반마디 그릇된 말이 평생토록 쌓아올린 덕(德)을 허물어뜨린다. - <명심보감>

자 랑

　평소에도 자랑이 심했던 준호와 영재는 그날도 골목길에서
서로 자기가 더 훌륭하다며 자랑을 늘어놓고 있었다.
　"우리 아빠가 니네 아빠보다 더 훌륭해! 우리 아빤 공무원
이다!"
　"아냐! 우리 아빠가 더 훌륭해! 우리 아빤 큰 회사의 간부란
말이야!"
　"우리 형이 니네 형보다 더 훌륭해! 우리 형은 선생님이란
말이야!"
　"아니야, 우리 형이 더 훌륭해! 우리 형은 군인이란 말이야!"
　이렇게 자랑 싸움을 계속하던 준호가 다시 말했다.
　"우리 어마가 니네 엄마보다 더 훌륭해!"
　엄마 차례에 와서 자랑을 내놓는 준호를 가만히 쳐다보며
한참 생각하다가 영재가 말했다.
　"엄마는, 네 말이 맞는 것 같아. 우리 아빠도 가끔 그런 말을
했거든. 니네 엄마가 우리 엄마보다 더 훌륭하다고 말이야."

☆　　☆　　☆

　※ 좋은 활은 잡아 당기기는 어려우나 높이 올라갈 수 있고, 깊이 들
　　어갈 수 있습니다. 좋은 말[馬]은 타기는 어려우나 무거운 짐을 싣
　　고 멀리 갈 수 있습니다. 그런데 자랑은 아무리 좋은 것이라 하더
　　라도 자기 자신의 약점을 드러내는 것일 뿐입니다.

- 하나의 잘못을 예사로 넘겨버리는 사람은 또 다른 잘못을 불러
들이게 된다. - <푸블릴리우스 시루스>

학급회의

5학년 3반의 학급회의 시간이었다. 먼저 반장이 말했다.

"오늘 우리 학급회의 주제는 '학급 분위기 조성'입니다. 이에 대한 좋은 의견을 말씀해 주십시오."

그러나 아무도 얼른 일어서서 의견을 말하지 않았다. 한동안 침묵이 흐른 뒤에, 드디어 한 여학생이 일어나며 창쪽을 한번 훑어보고는 말했다.

"학급 분위기 조성에 대해서는 무엇보다도 수업 시간에 한눈을 팔지 말아야겠습니다. 특히 창가에 앉은 모 남학생이 자연을 감상하다 가끔 선생님께 꾸중을 듣는데 앞으로는 이런 일이 없어야겠다는 생각입니다."

그러자 매일 선생님한테 꾸중을 듣고 혼나던 남학생이 자기를 두고 한 말이라는 것을 눈치채고 벌떡 일어나 얼굴이 붉으락 푸르락 하며 큰소리로 말했다.

"긴급 동의! 그럼 한 눈으로 한눈을 팔고 나머지 한 눈으로 수업에 열중하면 되지 않겠습니까?"

☆　　　☆　　　☆

※ 변명은 보호받으려는 거짓말에 불과합니다. 그러나 그런 변명을 하도록 빌미를 주는 말이나 행동도 나쁜 것입니다. 그래서 근심하는 사람을 괴롭히는 모든 비탄 중에서도 가장 지독한 농담은 사람을 경멸하는 농담이라고 했습니다.

- 때때로 남을 위한 변명은 해도 좋지만, 결코 자기 자신을 위한
변명은 하지 말라. - <푸블릴리우스 시루스>

굉장한 녀석

휘재와 경인이가 귓속말을 서로 주고 받았다.

"얘, 경인아. 내 친구 승현이 있지. 그 친구 참 질긴 놈이야. 글쎄, 자기 여자 친구 의정이 있잖아. 그 애와 손을 잡는 데 꼭 반년이나 걸렸다지 뭐니!"

"그래? 굉장한 녀석이군. 그런데 그 애들이 서로 사귄지는 얼마나 됐는데?"

"응, 사귄 지가 꼭 6개월 됐다나 봐."

☆　　　☆　　　☆

※ 『장자』에 보면, 이런 글이 있습니다. "세상 사람들은 자기가 좋아하는 것은 신기하다고 하고, 자기가 싫어하는 것은 썩었다고 한다. 그러나 썩은 것이 다시 변하여 신기한 것이 되고, 신기한 것이 변하여 썩은 것이 된다는 사실을 모른다." 그렇습니다. 자기가 좋아하는 것, 자기의 생각이 가장 옳다고 생각하는 어리석음을 버리지 않는 한 불행의 씨앗은 싹트게 될 것입니다.

－ 결점 없이 태어난 사람은 없다. 가장 적은 결점을 가진 사람이 가장 훌륭할 뿐이다. － <호라티우스>

미니 스커트

어린이 날 서울대공원, 꼬마가 엄마를 잃고 울고 있었다.

그것을 본 미아보호소 여자 직원이 꼬마에게로 다가가서 달래며 말했다.

"넌 왜, 엄마의 치마를 꼭 잡고 다니지 않고 이렇게 엄마를 잃어버렸어?"

그러자 화가 난 꼬마가 말했다.

"우리 엄마는요, 치마가 너무 짧아서요, 내가 엄마 치마를 잡을 수가 없어요. 그래서 치마를 잡고 따라다닐 수가 없었단 말예요!"

☆   ☆   ☆

※ 모범적으로 살아가는 사람은 스스로도 명성을 얻지만 다른 사람에게도 생활의 기준이 되는 덕행의 본보기가 되게 마련입니다.

　- 하나의 귀감은 책에 씌어져 있는 스무 개의 교훈보다도 훨씬 더 가치가 있다. - <R. 애스컴>

과대 광고

조그마한 사진관 앞에 광고가 나붙어 있었다.
"당신의 사진을 실물보다 크게 확대해 드립니다."
이 광고를 본 홍렬이가 심통이 솟구쳤다. 그래서 사진관에 들어가 주인에게,
"이것을 실물보다 크게 확대해 주십시오."
하고 내민 것은 백두산 천지(天池)의 사진이었다. 그 사진을 본 주인도 은근히 약이 올랐다.
"이봐요, 홍렬 학생! 이 큰 사진을 어디에다 붙이지?"
그러자 홍렬이는 사진관 주인에게 싱긋 웃으며 말했다.
"제주도 앞바다에 띄워 보려구요."

☆　　　☆　　　☆

※ 훌륭한 화가는 자연을 모방하고, 시원찮은 화가는 자연을 토해낸다고 합니다. 모방을 하나의 창작에 대입시키면 새롭고 훌륭한 작품이 탄생한다는 사실도 기억해 둘 필요가 있습니다. 상상력은 인간의 기초적인 두뇌 작용입니다. 상상에 의해서 모든 진리는 유효하고 거부할 수 없는 생존을 찾는다고 합니다. 발명이 아니라 상상이 인생의 최고 스승이며, 예술의 최고 스승이라고 말합니다.

- 보물을 숨기는 자는, 모든 사람이 그 장소를 생각한다고 상상한다. -
<미들턴과 매신저>

실물크기로
확대해
드립니다!!

어처구니없다

차돌이 아빠의 가게에서 물건을 외상으로 사 간 칠득이가 3개월이 지나도 외상값을 갚을 생각을 하지 않자, 차돌이 아빠가 칠득이를 찾아가 빨리 외상값을 갚으라고 독촉을 했다.

그 독촉에 칠득이는 억지로 미안한 표정을 짓고는 말했다.

"정말 늦어서 죄송합니다. 미안합니다만 이왕 지금까지 기다려 주신 김에 조금만 더 기다려 주십시오. 돈을 갚을 수 있는 방법이 세 가지나 있으니까 곧 해결될 것입니다."

어쩔 수 없다는 생각을 한 차돌이 아빠는 다시 한 번 다짐을 해두기 위해 말했다.

"믿어도 되겠나?"

"믿어 주십시오. 틀림없이 갚을 수 있을 겁니다."

"나 원 참, 그래 그 세 가지 방법이라는 것이 뭔지 한번 들어나 보자구."

차돌이 아빠가 어이없다는 표정으로 말했다. 그 말에 칠득이는 자신감을 내보이며 당당하게 말했다.

"에, 첫 번째는 돈을 주울는지 모르고, 두 번째는 누군가가 나에게 돈을 줄는지도 모르고……."

너무 어이가 없는 말을 들은 차돌이 아빠는 혀를 끌끌 차며 말했다.

"허망한 기대를 하고 있군, 그래!"

칠득이는 겸연쩍어 하며 말을 이었다.

“또 한 가지는…… 혹시나…….”

말을 어물거리며 얼른 하지 않자, 차돌이 아빠가 큰소리로 말했다.

“그게 뭔데? 얼른 말해 봐!”

그러자 칠득이는 조금 더듬거리며 말했다.

“그건, 그건 말입니다. 그러니까 그건 혹시나 차돌이 아빠께서 갑자기 죽을지도 모른다는 생각이 들거든요.”

“아니, 뭐, 뭐라고? 이놈이!”

☆　　　☆　　　☆

※ 어떤 일에도 제 정신을 잃지 않는 사람은, 잃을 정신을 갖고 있지도 않다.

자기 자신만 생각하고 모든 것을 자기의 이익에 귀착시키는 사람은 행복해질 수가 없습니다. 진심으로 자신을 위하여 살려면, 먼저 이웃을 위하여 살아야 한다는 신념을 가져야 합니다.

– 남에게 가장 예리하게 상처를 주고 싶거든 그의 이기심을 겨누어 쳐라. – <L. 윌리스>

식당에서 있었던 일

식성이 매우 까다롭고 무척 신경질적인 아저씨가 있었다. 그런 성격이니 어찌 살이 찔 수 있겠는가.

그 비쩍 마른 아저씨가 한 음식점에 들어가 식사를 시켜놓고 말했다.

"이봐, 종업원! 음식이 왜 이 모양으로 형편없어? 먹을 수가 있어야지. 지배인 데려 와!"

그러자 조르르 달려 온 종업원이 말했다.

"손님! 이 집은 원래 그래요. 지배인을 데려와도 별 효과 없어요. 지배인도 그 음식을 맛 보려고 하지 않을 거예요. 그러니 손님께서 먹든지, 말든지 그건 알아서 하시면 돼요."

종업원의 말을 듣고 어이없는 표정을 짓던 깡마르고 신경질적인 아저씨의 눈에 또 다른 광경이 벌어져 있었다. 디저트로 나온 아이스크림에 파리 한 마리가 곤두박질 쳐져 있는 게 아닌가. 더욱 화가 치민 아저씨가 큰소리로 야단을 쳤다.

"이봐! 이 아이스크림에도 파리가 빠져 있잖아!"

그 소리를 들은 종업원이 다소 민망스런 표정을 짓고 머리를 긁적이며 핑계를 대듯이 하는 말,

"아, 그건 말입니다. 요즘 유행하는 동계 스포츠를 그 파리도 즐기는가 봅니다."

☆   ☆   ☆

※ 별것 아닌 일에도 화를 잘 내는 사람이 있습니다. 반대로 제법 놀
랄 만한 일인데도 전혀 무신경한 사람도 있습니다. 이런 경우, 두
사람 다 조금쯤 고쳐야 합니다. 무조건 화를 내지 않는 것도 좋지 않
지만, 조그마한 일에도 화를 버럭 내는 신경질적 성격도 좋지 않습니
다. 우리는 성인(聖人)이 아니기 때문에 어떤 일에도 적절한 반응과
적절한 갈무리를 할 줄 알아야 합니다. 그러나 화를 내는 쪽보다는
참을 줄 아는 쪽이 더 나을 것입니다. 철학자 마르쿠스 아우렐리우
스(Marcus Aurelius)의 『명상록』에 보면 이런 구절이 나옵니다. "지
독히 화가 날 때에는 인생이 얼마나 덧없는가를 생각해 보라."

  - 분노를 억누르지 못하는 것은 무절제하거나 수양이 부족하기 때
문이다. 그러나 언제나 그렇게 하기는 어렵다. 어떤 때엔 불가능하기
도 하다. - <플루타르쿠스>

눈치 빠른 변명

경제 사정이 무척 나빠졌다. 대부분의 국민들은 선진국 진입의 꿈이 하루아침에 추락해버린 지금의 현실을 걱정하고 있다. 그러나 열심히 일하고, 또 알뜰하게 살면서 힘을 합치면 얼마든지 어려운 사정들을 극복할 수 있으리라고 생각한다. 무슨 일이든 생각대로 다 되는 것은 아니지만 그래도 희망을 버릴 수는 없는 것이다.

요즘처럼 어려운 경제 시대, 즉 IMF 시대를 맞다 보니, 이웃간에도 정이 멀어져 가고 이기주의 습성들이 곳곳에서 나타나곤 했다. 이웃 사촌이란 말은 옛말이 되어 정겹던 이웃 사랑도 삭막해지고 있었다.

이런 분위기는 많은 선량한 사람들에게 크게 악영향을 미치기도 한다. 여기, 진이네와 경인이네의 경우를 보더라도 실감할 수 있는 일이었다.

진이 아빠와 경인이 아빠는 이웃에 살면서 서로 친하게 지냈다. 서로 이웃간에 산다는 것도 친하게 지낼 수 있는 요인이 되지만, 그 두 사람은 어릴 때부터 친구로 지내왔던 사이였다.

마음씨가 착하기로 소문이 난 진이 아빠는 가난하지만 남에게 돈을 빌리는 일이 거의 없었다.

그런 어느 날, 진이가 몹시 아파서 병원에 입원을 하게 되었는데 가난한 집이라 갑자기 큰돈이 있을 리 없었다. 사정이 몹시 급해진 진이 아빠는 체면불구하고 경인이 아빠에게 돈을 좀 빌릴 생각으로 찾아 간 것이다.

진이네에 비해 경인이네는 소문 안난 부자로 소문이 날 정도로 경제적 여유가 있는 편이었다. 그간의 여러 정황으로 보아 충분히 빌려 줄 수 있는 금액이라고 생각한 진이 아빠가 자존심 따위는 모두 팽개쳐버리고 입을 열었다.

"경인이 아빠, 아직까지 나는 자네에게 한번도 돈을 빌려달란 말을 하지 않았는데, 저…… 이번에…… 우리 진이가…… 아파 급히 병원에 입원을 했거든. 그래서 좀 급히 ……."

이렇게 말을 꺼내고 있을 때, 진이 아빠의 말을 막으며 경인이 아빠가 급히 말했다.

"아, 알았네. 언젠가는 꼭 한번 이런 날이 오리라고 생각했었지. 자네 말처럼 나도 여태껏 진이 아빠에게 거절할 기회가 없었잖은가. 이렇게 처음으로 나에게 거절할 수 있는 기회를 주어 고맙네!"

☆　　　☆　　　☆

※『명심보감』「성심편」에 이런 말이 있습니다. "범을 그리되 가죽은 그리지만 그 뼈를 그리기는 어렵고, 사람을 알되 얼굴은 알지만 그 마음을 알 수는 없다." 그렇습니다. 깊이를 알 수 없는 것이 사람의 마음입니다. 열 길 물 속 깊이는 알 수 있어도 한 뼘 사람 마음은 알 수 없는 것이 세상사입니다. 그런 까닭으로 인간의 마음은 모순을 조화시키도록 만들어져 있다고 했나 봅니다.

－ 사람은 누구나 마음의 집을 마련하지만, 나중에는 그 집이 마음을 가둬버린다. － <에머슨>

3.5

셋하고 반

학교에서 가정 환경 조사를 했다. 선생님이 한 명씩 불러서 조사를 했는데 깐돌이의 차례가 되었다.

"깐돌이네 집에는 식구가 몇 명이지?"

깐돌이가 대답하기를,

"우리 식구는요, 셋하고 반이에요."

"아니, 셋이면 셋이고, 넷이면 넷이 되어야지 어째서 셋하고 반이니? 그 반이란 게 뭐냐?"

선생님이 이상하다는 듯 고개를 갸웃하면서 물었다. 그러자 깐돌이가 대답하기를,

"예, 아빠와 엄마, 그리고 제가 살고 있거든요. 그런데 우리 엄마가 아기를 가졌어요."

☆   ☆   ☆

※ 사람이 살아가는 데 있어서 가장 옳은 것은, 자기가 좋아하는 일을 하는 것이 아니라, 자기가 하지 않으면 안 되는 일을 좋아하도록 노력하는 것이라고 했습니다. 선인들은 한결같이 진실하게 행동하라고 요구합니다. 우리가 어떤 질문에 대해 사실대로 말할 수 있다는 것, 그것이야말로 진실 가운데 으뜸이 아닐까요.

  - 진실만큼 강력한 것도 없고, 또 때로는 그렇게 생소한 것도 없다. - <D. 웹스터>

엉뚱한 생각

악몽에 시달리는 사람처럼 꿈을 꾸고는, 알아듣지도 못할 말을 지껄여대는 상국이, 그는 꿈을 꿀 때마다 허공에 두 팔을 들어 허우적댔다. 그 모습을 보다 못해 엄마는 상국이를 병원으로 데려갔다.

그런데 의사 선생님은 상국이를 자세히 진찰해 봤으나 별다른 증세가 나타나지 않는다는 거였다. 의사 선생님은 상국이에게 물었다.

"내가 진찰을 해 본 결과로는 별 증상이 없는 것으로 나타나는데 상국이는 어디가 어떻게 아프지?"

그러자 상국이가 말했다.

"선생님, 저는 잠만 들면 꿈을 꾸게 되고, 꿈만 꾸면 괴로워 견딜 수가 없습니다. 늘 같은 꿈을 꾸는데, 그럴 때마다 예쁜 내 여자 친구가 내 방에 들어왔다 나갔다 합니다."

상국이의 말을 들은 의사 선생님은 알겠다는 듯 고개를 끄덕이고는 말했다.

"아아, 알겠군요. 그래서 상국이가 그 예쁜 여자 친구의 꿈을 꾸고 싶지 않다는 말이군."

그러자 상국이는 흡사 꿈을 꿀 때 하던 모습으로 두 팔을 들어 휘저으며 말했다.

"아, 아닙니다, 선생님! 천만에 말씀을 다하십니다. 저는 그 여자 친구가 내 방에 들어 온 뒤에 나가지 못하게 하고 싶다는 겁니다."

☆　　☆　　☆

※ 자기가 무엇을 해야 하는가를 많이 생각하기보다는, 자기가 무엇이 되어야 하는가를 많이 생각해야 합니다. 우리가 이루는 업적이 우리를 고상하게 해 주지 못한다면, 우리 스스로 그 업적을 고상하게 만들어야 하는 것입니다.

　어떤 뜻을 세울 때는 무엇보다도 확고하게 세워야 합니다. 작은 일이라 할지라도 뜻을 세우면 최선의 노력을 기울여야 하는 것입니다.

　－ 꿈은 그 사람의 성향에 대한 진정한 설명자이다. 그러나 그것을 알아내고 이해하는 데는 절대적 기술이 필요하다. － <몽테뉴>

이유는

경실이가 승현이에게 말했다.

"내일이 내 생일이거든. 경인이랑 의정이랑 몇 명을 초대했
는데 승현이 너도 초대할게. 너는 공부도 잘하고 운동도 잘하
고 또 착한 애라고 우리 엄마가 초대하라고 하셨어. 네가 오
면 우리 엄마가 매우 좋아하실 거야!"

"그래, 정말 초대하는 거지?"

"그럼, 내가 왜 거짓말 하겠냐!"

"기분 좋은데. 특별히 초대해 줘서 고맙다, 경실아!"

승현이가 좋아하는 것을 본 경실이가 승현이에게 말했다.

"그런데 말이야. 우리 집 대문에는 초인종이 우측 아래쪽에
붙어 있으니까 무릎으로 벨을 누르면 될거야."

무릎으로 벨을 누르라는 경실이의 말이 얼른 이해가 되지
않은 승현이가 이상해 물었다.

"너네 대문엔 왜 초인종이 아래에 달렸니? 모두가 다 손이
닿기 쉬운 위치에 설치해 두었는데?"

그러자 경실이는 으스대듯 가슴팍을 쑥 내밀며 말했다.

"아, 그건 말이야. 우리 아빠가 그러시는데 우리 집에 찾아
오는 손님들은 언제나 양쪽 손에 선물을 가득 들고 오기 때문
에 손으로 초인종을 누를 수가 없어서 그렇데!"

"? ? ? ?"

☆　　　☆　　　☆

※ 선물과 뇌물의 차이는, 하늘과 땅, 즉 극과 극의 차이입니다. 진실한 마음에서 우러나오는 작은 선물은 아름다운 인간관계의 윤활유가 될 수도 있습니다. 강요의 선물이나 뇌물은 악(惡)을 싹 틔우는 것입니다.

　- 선물의 훌륭함은 그 가치보다는 그것을 사용하는 데 있다. -
<C. D. 워너>

메뉴와 청구서

의사인 나상만 씨는 자기 병원에 찾아오는 환자들에게 언제나 식사 메뉴를 묻곤 한다. 특히 그는 모든 환자들, 그리고 환자의 보호자들에게 저녁 식사 메뉴가 뭐였으며, 근래 1주일간 주로 먹었던 식품의 종류에 대해서 상세히 묻는 거였다.

그럴 때마다 환자나 보호자들은, 의사로서 진료에 필요한 참고 사항으로 당연히 묻는 거겠구나, 하고 상세히 대답하기 마련이다.

이 광경을 유심히 보아 오던 의사의 아들 종돌이는 도무지 그 이유를 이해할 수 없는 거였다. 무척이나 궁금하게 생각해 오던 어느 날, 종돌이는 드디어 아빠에게 물었다.

"아빠 왜 환자들에게 늘상 저녁 식사로 뭘 먹느냐고 물어요?"

그러자 아빠는 빙긋 웃으며 설명했다.

"그건 말이다. 의사인 이 아빠에겐 환자가 무슨 음식을 먹었느냐가 아주 중요한 거야. 환자의 체질을 점검하는 데 참고가 되는 거야. 그리고 저녁 식사의 메뉴에 대한 건 말이다. 이 아빠가 그 사람들을 진료하고 난 후, 진료 청구를 할 때 그 환자들의 메뉴에 따라 경제능력의 척도를 구분하게 되는 거야. 돈이 많은 사람은 좋은 음식들을 먹었을 테니까 청구 금액을 올리고, 돈이 없는 가난한 사람들에게는 청구 금액을 줄이는 것이지. 이제 이해가 되나?"

☆   ☆   ☆

※ 환경과 생활은 밀접한 관련을 맺고 있습니다. 따라서 모든 생물은
 자기의 환경에 적합한 곳에서 존재하게 되는 것입니다.
　『장자』(莊子)에 보면, "얕은 도랑에서는 큰 물고기가 몸을 자유로
이 움직이지 못해 미꾸라지의 시달림을 받게 되며, 낮은 언덕에서
는 큰 짐승이 몸을 숨길 곳이 없어 간사한 여우의 침범을 당하게
된다."고 하였습니다.

　- 환경이 인간을 지배하는 것이지, 인간이 환경을 지배하지 않는
다. - <헤로도투스>

결과론

아빠와 엄마가 말다툼을 하고 있었다. 마침내 엄마가 흥분하여 심한 말을 했다.

"당신과 결혼할 때 난 바보였음에 틀림없어요. 내가 바보가 아니었다면 분명코 당신과 결혼을 하지 않았을 거예요!"

그러자 아빠는 빙긋이 웃으며 비아냥 섞인 투로 말했다.

"맞아요, 맞아! 나도 역시 그랬나 봐. 그때 당신이 바보라는 것을 미처 몰랐던 나도 역시 바보였음이 분명해!"

☆　　☆　　☆

※ 대저, 말이라는 것은 한번 쏟아버리면, 주워 담을 수가 없기 때문에 항상 조심하고 신중하라고 이릅니다. 「마태복음」 15장 11절에 보면, "입에 들어가는 것이 사람을 더럽게 하는 것이 아니라, 입에서 나오는 그것이 사람을 더럽게 한다."고 되어 있습니다. 아무리 화가 난다 하더라도 한번쯤 길게 숨을 가다듬어 보기도 하고, 무슨 말을 해야 가장 적절할 것인가를 생각할 줄 알아야 합니다. 화가 날 때는 하나에서부터 열까지 세어 본 다음에 말을 하라고 하지 않습니까?

– 말[言語]은 칼보다 더 날카로운 무기이다. – <포킬리데스>

교통법규 해법

두 교통순경 아저씨가 도로 교통법에 대해 얘기하고 있었다.
"만약에 말이야. 술 취한 사람이 도로 한가운데 털썩 주저
앉아 있다면 어떤 죄를 적용해야 한다고 생각하지?"
옆의 교통순경 아저씨가 대답했다.
"그야 뭐, 뻔하지. 그가 만약에 도로 바닥이 방석인 줄 알고
앉았다면 무죄일 테고, 그렇지 않으면 유죄겠지."

☆　　　☆　　　☆

※ 법은 관습과 사회 통념의 결정체(結晶體)라고 정의하기도 하고, 질
　서 곧 좋은 법률은 좋은 질서를 만든다고도 합니다. 그런데 가끔은
　이 법을 악용하거나 교묘하게 피해 다니는 사람이 있습니다. 그들
　은 질서를 깨뜨리는 행위를 자행하고도 안 그런 척하는 몰염치한
　자들입니다.

　- 모든 사람의 편의를 충족시킬 수 있는 법은 없다. 그것이 전체
적으로, 다수에게 이익이 된다면 우리들은 만족해야 하는 것이다. -
<리비우스>

천만의 말씀

친구들과 싸우기만 하면 얻어 맞고 들어오는 진이가 오늘도 또 싸웠다.

오늘은 얼굴에 피멍이 들도록 두들겨 맞고 앞니가 두 개나 빠진 채 코피를 흘리며 집에 온 것이다.

그 꼴을 본 엄마가 속이 상해 야단을 쳤다.

"아니, 오늘 또 싸웠구나! 이빨도 두 개씩이나 잃어버리고!"

그러자 진이는 속상해하는 엄마에게 걱정말라고 하며 당당하게 말했다.

"이빨을 잃어버리다니요, 천만의 말씀, 만만의 말씀. 내 이빨 두 개와 개 이빨 한 개까지 가져왔단 말예요."

☆　　　☆　　　☆

※ 공자께서는 이렇게 말씀하셨습니다. "함께 공부는 할 수 있어도 함께 같은 길을 가기는 어렵다. 함께 길은 갈 수 있어도 같은 처지에 서기는 어렵다. 같은 처지에 설 수는 있어도 함께 같은 일을 도모하기는 어렵다." 같은 환경에서 자라고 성장하더라도 사람은 똑같을 수가 없는 것입니다.

　- 자존심에도 서로 차이가 있다. 자존심으로 인해서 어떤 사람들은 어리석게 되지만, 또 어떤 사람들은 어리석게 되지 않기 때문이다. -
<C. C. 콜튼>

참 좋다

국교가 수립된 이후부터는 중국 여행이 자유로워졌다. 비행기를 이용하면 불과 두세 시간이면 중국의 목적지에 닿을 수 있는 것이다.

희석이가 아버지를 따라 북경에 살고 있는 고모 할머니 댁을 방문했다. 중국 대륙의 엄청난 문화를 구경하고, 북경 시내까지 맘껏 구경하고 돌아와서는, 늘 "북경이 좋아, 북경이 좋아" 하고 자랑을 늘어놓는 것이 습관화 되었다.

어느 달 밝은 날 밤에 시골 할머니 댁에 가면서 아버지가 휘황하게 밝은 시골의 달밤 풍경에 도취된 듯 말했다.

"정말 시골의 달밤은 참 좋구나!"

그러자 희석이가 말했다.

"시골의 달이 좋으니 어쩌니 해도 북경의 달에 비하면 어림도 없어요."

희석이의 말이 떨어지기가 무섭게 아버지가 나무랐다.

"그 못난 소리 작작 해라! 달이란 것은 이 세상에 하나밖에 없는 것이야, 이 바보야!"

그러면서 희석이의 머리를 쿡 쥐어 박았다. 그러자 희석이는 아버지에게 꿀밤 맞은 머리를 문지르면서 말했다.

"꿀밤도 역시 북경 것이 훨씬 좋아요. 아버지!"

☆   ☆   ☆

※ 대부분의 사람은 자기가 좋아하는 것은 신비롭고 소중한 것처럼
생각하고, 자기가 싫어하는 것은 나쁘다든가 썩었다고 말하기 일쑤
니다. 그러나 이는 하나의 편견에 지나지 않습니다. 어리석은 사람
일수록 편견이 강합니다. 그런 사람은 고집이 강하여 자기 자신도
틀리다는 사실을 마음속으로는 인정하면서도 겉으로는 막무가내로
고집스럽게 맞다고 우기는 것입니다. 그것은 습관이며, 한편으로는
자격지심에서 생기는 반항 행위일 수도 있습니다.
　우리는 현명한 생각을 해야 합니다. 썩은 것이 다시 변하여 신기
한 것이 되고, 신기한 것이 변하여 다시 썩는 것이 되는 것이니까요.

　- 편견에 사로잡히면 항상 약하게 된다. - < S. 존슨>

본 전

산수 시간이었다. 홍국이에게는 공부하는 것 자체가 싫었지만, 특히 산수 과목은 숫자만 봐도 골이 띵 하고 아플 정도로 싫어했다. 그날도 그 지겨운 산수 시간을 맞아 한 시간이 몇 달이나 되는 것처럼 지겹게 보내고 겨우 몇 분이 남았을 때, 공부를 아주 잘하는 유성이가 선생님께 질문을 했다.

"선생님! 이 문제는 어떻게 풀어야 하나요?"

선생님은 한 문제라도 더 알고 싶어하는 학생을 무척 좋아하기 때문에 수업이 끝난 시간일지라도 친절하고 상세하게 가르쳐 주었다.

"그건, 이렇게 푸는 거야."

"그럼, 이것은요?"

"이것은 이렇게 ……."

이렇게 유성이의 질문과 선생님의 대답이 계속되고 있었다. 수업 시간이 지났는데도 계속 질문을 하자, 화가 머리 끝까지 치솟은 홍국이가 벌떡 일어나며 큰소리로 말했다.

"야, 임마. 너 수업료 낸 것 본전 빼려고 그러냐?!"

☆ ☆ ☆

※ 이익을 좋아하고 얻기를 바라는 것은 사람의 타고난 감정이요, 본성인 것입니다. 그러므로 감정과 본성을 따르다 보면 형제간에도 다투는 경우가 가끔 있습니다. 그러나 아무리 감정과 본성이 자기

이익을 추구한다 하더라도 양보할 줄 알고, 이해할 줄 아는 것이
진정한 인간의 도리입니다.
  지나치게 불만을 갖는 것은 자기 스스로 일어서고 헤쳐 나가려는
것에 대한 정신적 결핍을 말하는 것이며, 또한 자기 의지에 대한
허약함을 나타내는 것입니다.

  - 오늘 가장 즐겁게 웃는 사람은, 역시 최후에도 가장 즐겁게 웃
을 것이다. - <니체>

아름다운 욕심

여름날 오후, 소나기가 한줄기 시원스럽게 쏟아진 후, 동쪽 하늘에 커다란 무지개가 영롱하게 걸려 있었다. 그것을 본 의정이가 아빠에게 말했다.

"아빠, 아빤 저 무지개 잡을 수 있어요?"

"그으럼, 잡을 수 있지. 아빤 무엇인든지 우리 의정이가 좋아하는 것이라면 잘할 수 있단다."

"그럼 아빠, 우리 저 무지개를 잡아서 집에 가지고 가면 안 돼?"

그러자 아빠가 의정이의 머리를 쓰다듬으며 말했다.

"그런데 말이다, 의정아. 저걸 잡아가면 놓아 둘 곳이 없잖니?"

☆   ☆   ☆

※ 희망은, 특히 가난한 사람들의 빵이며, 깨어있는 꿈이라고들 합니다. 우리 인류의 대다수를 먹여 살릴 수 있기 때문이 아닐까요?

  - 희망은, 그 자체가 일종의 행복이며, 이 세상이 베풀어주는 큰 행복 중의 하나다. - <S. 존슨. 보즈웰>

현명한 군인

삼촌이 영구에게 말했다.

"영구야, 너는 이 다음에 커서 어떤 사람이 될래?"

"난 군인이 될 거야. 씩씩하고 용감한 군인이 되고 싶어."

영구는 큰소리로 씩씩하게 말했다.

"야, 이 멍청한 놈아. 군인은 전쟁터에서 죽게 되는 수도 있어, 임마."

군인은 전쟁터에서 죽을 수도 있다는 삼촌의 말에 영구는 놀란 토끼마냥 눈을 동그랗게 뜨고는,

"누구한테 죽는데?"

"적군한테 죽지!"

그러자 영구가 말했다.

"그럼, 난 적군이 될 테야!"

※ 한 가닥의 머리칼에도 그 나름의 그림자가 있습니다. 그것은 존재의 상징이기도 하지요. 그러기에 아무것도 없는 것보다는 조금이라도 가지고 있는 것이 낫습니다.

  - 겁이 많은 사람은 자기 자신을 신중하다고 말하고, 인색한 사람은 자기 자신을 검소하다고 미화시킨다. - <푸블릴리우스 시루스>

노랭이 할아버지

쇠돌이 할아버지가 쇠돌이더러 이웃집 철이네 집에 가서 철이 할아버지에게 망치를 좀 빌려 오라고 보냈다. 한참 후, 쇠돌이가 화가 난 듯 씩씩거리며 돌아와서는 심드렁하게 말했다.

"할아버지, 철이 할아버지께서요, 망치로 못질을 하면 망치가 닳는다고 안 빌려 주시겠대요. 그런데 할아버지, 할아버지는 왜, 우리 것을 쓰면 될 것인데 빌려 주지도 않는 철이 할아버지께 자꾸만 빌려 쓰려고 그러세요? 안 빌려 주시는 쇠돌이 할아버지보다도 우리 할아버지가 더 이상하잖아요."

그러자 쇠돌이 할아버지가 하는 수 없다는 표정을 지으며 말했다.

"에이, 그놈의 영감탱이, 참 지독한 구두쇠로군. 망치가 닳으면 얼마나 닳는다고 그러나. 할 수 없지 뭐. 우리 집 망치 꺼내오거라."

☆   ☆   ☆

※ 녹이 슬어 못 쓰게 되는 것보다는, 써서 닳아 없어지는 것이 낫다고 합니다. 지나치게 인색하거나 욕심이 많으면, 더 많은 사람을 잃게 되는 것입니다. 인색한 사람은 자기에게 필요치 않은 것도 남에게는 주지 않으려고 합니다. 그래서 아무것도 버릴 수 없는 자는, 결국 아무것도 느낄 수 없다고 하는가 봅니다.

- 부자로 죽기 위하여 궁하게 사는 것은, 명백히 미친 짓이다. -
<유베날리스>

자랑하고픈 병

　새로 좋은 침대를 하나 사들인 병헌이 엄마가 그것을 자랑하고 싶은데 마땅한 방법이 없자, 고민하다가 꾀병을 앓기로 했다.
　이웃집에서, 병을 앓고 있다면 병문안을 올 것이기 때문에 침대에 누워있으면 자연스레 침대 자랑을 할 수 있다는 생각을 한 것이다.
　그렇게 하여 소문은 퍼지게 되었고, 이웃집 병은이 엄마, 병달이 엄마도 문병을 오게 되었다. 마침 병달이 엄마도 예쁜 속옷을 새로 한 벌 사 입고는 자랑할 방법을 생각하고 있던 참이었다.
　병달이 엄마가 방에 들어서자마자 대뜸 침대 위에 한쪽 발을 올려놓고는 치마를 조금 걷어 올리면서 문안 인사를 했다.
　"무슨 병환이기에 거동도 못하고 이렇게 누워 있어요. 병헌이 엄마?"
　그러자 침대 자랑을 하려고 꾀병을 앓고 있던 병헌이 엄마가, 병달이 엄마의 자랑하고 싶은 병을 얼른 눈치채고는 한숨을 내쉬면서 말했다.
　"요즘은 병의 종류도 너무 많아서요. 보아하니 병달이 엄마의 병이나 내가 앓고 있는 병이나 똑같은가 봐요."

☆　　　☆　　　☆

※ 사람에게는 두 가지 병이 있습니다. 하나는 육체의 병이고, 또 하나는 정신의 병입니다. 육체의 병은 좋은 약을 투입하고, 좋은 의술로 낫게 할 수도 있지만 정신의 병은 여간해서는 낫게 할 수가 없습니다. 그래서 정신이 병들지 못하도록 갈고 닦아 항상 맑아지게 하는 것입니다. 미친 사람이 오히려 정상적인 사람들을 보고 모두 미쳤다고 생각하는 것과 마찬가지지요.

－ 인간은 자기의 육체적, 도덕적 건강 상태를 점검해 보면 거의 언제나 자기 자신이 병들어 있음을 발견하게 된다. － ＜괴테＞

허풍 경연대회

허풍이 경연대회에서 두 아이가 마주 서서 대단한 허풍을 떨고 있었다.

한 아이가 먼저 말했다.

"난 말이야. 이번 여름에 우리 아버지와 함께 시베리아로 피서를 갔었거든. 거기 가니까 정말로 춥더라구. 그곳의 추위는 에베레스트의 만년설 봉우리에 올라 선 것보다 몇백 배 더 춥더라구. 정말 놀랐지 뭐니. 얼마나 추운지 말을 하면 말이 입 밖에 나오는 순간 얼어버려 데굴데굴 굴러가는 거야! 이만하면 가히 짐작이 되고도 남을 거야!"

그러자 또 한 아이가 이에 질세라 더 큰 허풍을 떨었다.

"난 말이야. 지난 겨울방학 때 아빠랑 아프리카엘 다녀왔거든. 그곳 열대지방의 무지무지한 더위에도 용케 견뎌냈지. 아프리카 적도 부근에서 말이야. 그 더위를 견뎌낸다는 것은 우리 상상으로는 도저히 이해가 될 수 없더란 말이야. 왜 아라비아 사막지대의 아스팔트에 계란을 깨 놓으면 바로 후라이가 된다고 하지 않든? 거긴 말이야. 그까짓 계란 후라이는 아무 것도 아니었어! 그곳의 닭들에겐 한 시간마다 얼음조각을 먹이지 않으면 아예 삶은 계란을 낳더라니까!"

                    ☆   ☆   ☆

※ 거짓말은 하면 할수록 늘 뿐만 아니라 나중에는 돌이킬 수 없는
  엄청난 거짓말도 서슴지 않고 하게 됩니다. 한 번 거짓말에 재미를
  붙이면 자꾸 거짓말을 하게 되고, 그 거짓에 속아 넘어가는 쾌감으
  로 다시 거짓말을 하는 그런 사람은 결국 거짓으로 인해 큰 죄악의
  나락으로 떨어지게 되는 것입니다.
    철학자 플라톤은, "거짓된 말은 그 자체로서 죄악일 뿐 아니라 영
  혼까지도 죄악으로 더럽힌다."고 했습니다.
    거짓은 위선입니다. 거짓은 위선자의 전유물입니다. 용서받을 수
  없는 유일한 악이 바로 위선이죠. 나아가 위선자의 후회는 그 자체
  가 위선이기 때문에 위선은 비겁한 자의 전유물이며 장기라고 하는
  것입니다.

    - 거짓말쟁이는 언제나 맹세를 아끼지 않으며, 위선을 앞세워 경
  망스럽게 거짓을 씨부린다. - <P. 코르네유>

믿을 놈이 따로 있지

지독한 거짓말쟁이가 있었는데 어느 날 그가 죽었다는 소문이 온 마을에 퍼졌다. 그는 세상에서 가장 거짓말을 잘하는 사람이라고 소문이 나 있는 사내였다.

입만 벌리면 거짓말을 한다고 하여 마을 사람들은 그를 가까이 하지도 않을 뿐만 아니라 아예 상대조차 하기 싫어했기 때문에 그는 결국 왕따를 당하면서 항상 외롭게 혼자 지낼 수밖에 없었다. 물론 가족도 없었고 가까운 친척도 없었다.

그런 그가, 그날 죽었다는 소문이 퍼진 것이다. 그는 자기 나름대로 자기를 왕따로 만드는 마을 사람들이 밉기도 했거니와 아무리 거짓말을 했기로서니 아예 상대도 해주지 않는 것에 더 노여움이 일었던 것이다. 그래 앙갚음을 하기로 마음먹고 자기가 죽은 것처럼 꾸미고 한바탕 소동을 벌여 마을 사람들을 놀라게 해줘야겠다고 생각한 것이다.

거짓말쟁이 사내가 죽었다는 소문을 들은 마을 사람들은, 거짓말을 잘해 아무리 미움을 받는 사람이라 하더라도 친인척 하나 없는 외톨이인지라 장례는 치러줘야겠다고 의논을 한 뒤 그 마을에서 힘이 세기로 유명한 호동이를 불러 말했다.

"호동이 자네가 힘이 장사니까 둘러메고 가서 묻어주고 오게나. 아무리 미워도 이웃간에 살았던 사람인데 이대로 그냥 둘 수는 없잖은가."

호동이는 마을 어른들의 권유에 하는 수 없이 그렇게 하겠노라고 했다.

　이튿날 아침, 마을 사람들이 호동이에게 물었다.

　"그래, 어젠 그 사람을 잘 묻어 주었나? 평소에는 거짓말을 잘해 천덕꾸러기로 살았지만 저승에 가서는 거짓말도 안 하고 편하게 지낼 수 있었으면 얼마나 좋을꼬!"

　마을 사람들은 죽어서 땅에 묻힌 거짓말쟁이가 안쓰럽다는 듯 말했다.

　그러자 호동이가 히죽 웃으며 말했다.

　"네, 잘 묻어 주었어예. 그런데 어찌나 요동을 치는지 혼났다 아입니꺼."

　"뭣이라고, 요동을 쳤다구?"

　호동이의 말에 동네 사람들은 깜짝 놀랐다. 죽은 사람이 요동을 쳤다는 호동이의 말에 아연실색한 것이다.

　"내가 그놈을 자루에 넣을라꼬 할 때부터 요동을 치기 시작하더니마는 묻히기 전까지 계속해서 야단법석을 떠는 기라예. 그래서 화가 나서 발로 칵 차뿌고 꽁꽁 밟아뿌다카이. 그러면서도 '난 죽지 않았어! 난 죽지않았어!' 하고 목쉰 소리를 내는 거라예. 그놈이 지독한 거짓말쟁이라는 것을 세상이 다 아는 일인데 우째 믿겠심니꺼. 믿을 사람 아무도 없다카이."

　호동이는 도저히 믿을 수 없었던 그 거짓말쟁이를 잘 묻어 주고 왔노라고 의기양양하게 말했다.

　그런 호동이의 얼굴을 쳐다보며 마을 사람들이 낭패스럽다는 듯 다시 말했다.

　"아무리 거짓말쟁이라 하더라도 그만큼 요동을 쳤다면 정말 죽지 않았는지 확인해 봐야지. 그걸 그냥 묻어버렸다고?"

그러나 더욱 의기양양해진 효동이가 말했다.

"그놈의 거짓말을 몰라서 그러심니꺼? 입술만 뗼깍하면 거짓말만 내놓는 그놈의 말을 내가 어떻게 믿을 수 있어예. 아저씨 같으면 그놈의 말을 믿겠심니꺼?"

"이런 세상에! 죽지 않았다고 그만큼 요동을 쳤다는데……. 쫏쫏쫏! 아무렴 죽음 앞에서까지도 거짓말을 했을라구."

그러자 호동이는 깜작 놀란 듯 한마디 하고는 급히 산으로 뛰어올라갔다.

"우짜노, 우야모 좋노! 진짜 안 죽은 사람을 내가 파묻었다 아이가!"

무언가 잘못되었다는 것을 그때야 알아차리고 헐레벌떡 산으로 뛰어올라가는 호동이를 쳐다보던 마을 사람들은 기가 막혀 다음 말을 잊고 말았다.

☆　　　☆　　　☆

※ 거짓말은 많은 사람들을 혼란스럽게 만들지만, 결국은 스스로 파놓은 함정에 자신이 빠져 파멸하게 됩니다.

　- 사실을 말해도 남이 믿어주지 않는 것, 그것이야말로 거짓말쟁이가 받는 벌이다. - <바빌로니아 율법서>

증 발

중학교 1학년 교실, 과학 시간이었다. 수업이 끝나갈 무렵 선생님이 학생들에게 말했다.

"자, 그럼, 지금부터는 질문을 받겠어요. 알고 싶은 것이나 오늘 수업한 것에 대해 궁금한 것 있으면 질문을 해요."

그러자 수철이가 손을 번쩍 들었다.

"그래, 수철이는 무엇이 궁금하지요?"

"선생님, 증발이란 무엇입니까?"

"아, 그건 쉽게 말해서 지상에서 공중으로 날아가는 것을 말하지."

그러자 이때 책상 위에 앉아있던 파리 한 마리가 날아가는 것을 보고 한 학생이 큰소리로 말했다.

"선생님, 지금 파리 한 마리가 증발하고 있습니다."

☆　　　☆　　　☆

※ 자기 자신이 남보다 못한 것을 부끄러워하여 자기보다 나은 사람에게 묻지 않는다면, 그것은 언제까지나 자기 자신을 무식한 쪽에 가두어 두는 것이 됩니다. 모르는 것은 알기 위해 자꾸 묻고 배워야 합니다.

　- 질문에 용감하라. 즉, 자기의 무식한 것을 폭로하는 데 용감해야 한다. - <에머슨>

신사의 조건

어느 양복점 문 앞에 이런 안내문이 붙어있었다.

"결코 신사에게는 양복대금 청구를 하지 않습니다."

그 안내문을 본 자칭 신사가 호기심이 발동하여 그 양복점에 들어가 양복을 맞춰입고는 외상처리를 했다. 그런 며칠 후 그 신사는 양복점에 가서 주인에게 말했다.

"며칠이 지났는데도 나에게 양복대금 지불에 대한 청구를 왜 하지 않는지 모르겠어. 저 문에 붙어있는 안내문처럼 내가 신사니까 영영 대금 청구를 하지 않을건가 봐."

그 말을 들은 양복점 주인이 신사를 째려 보며 말했다.

"저희들은요, 신사 손님에게는 결코 양복대금 지불에 대한 청구를 하지 않습니다. 주시면 받습니다."

신사는 양복점 주인의 의도를 도저히 이해할 수 없다는 투로 다시 말했다.

"거 참, 희한한 일이구먼. 그런데 그러다가 손님이 영영 지불을 하지 않으면 어떡할 겐가?"

그러자 양복점 주인은 확신에 찬 표정을 지으며 말했다.

"그럴 리는 없습니다. 어느 일정 기간이 지나도 지불을 하지 않으면, 그 사람은 신사가 아니라는 결론을 내리고, 저희는 원래 양복대금에다가 30%의 가산금을 합산하여 대금 지불 청구를 하게 됩니다."

☆   ☆   ☆

※ 신사(紳士)라는 낱말을 쉽게 풀어놓으면, '품행과 예의가 바르고 학
덕과 기품을 갖춘 사람'을 말합니다. 우리 사회에서는 흔히 지위와
재산이 있는 사람, 지위와 재산이 많아 남에게 잘 베푸는 사람, 상
류계층, 그리고 일반적으로 남자에 대해 좋은 표현을 쓰고자 할 때
'신사'라고 칭하기도 하지요. 그러나 여기서 말하고자 하는 신사의
정의는 '다른 사람으로 하여금 그들의 이기적 주장을 이해하고 그
에 대한 온갖 경의를 표하는 대신, 그들로부터 같은 이해와 경의를
받아내는 사람'이라고 하겠습니다.

  - 오늘날의 신사란, 모든 바보들이 여유만 있으면 쓰려고 하는 만
큼의 충분한 돈을 가진 사람이다. 즉, 생산 없이 소비하는 사람을 말
한다. - <버나드 쇼>

그 나물에 그 밥

창원이가 학교에서 돌아와 말했다.
"아빠, 나 오늘 학교에서 시험을 봤는데 빵점을 맞았어요."
그러자 아빠는 눈을 동그랗게 뜨고는 말했다.
"아니, 왜?"
"서귀포가 어디에 있는지 몰랐기 때문에 그랬어요."
"그렇게 쉬운 것도 몰랐어? 그런 거라면 진작 이 아빠에게
물어보고 가지 그랬어. 지금이라도 내가 가르쳐 줄 테니 다음
에는 꼭 맞히도록 해라. 너, 서울 근교 지도를 가져와 봐."
그러자 창원이가 말했다.
"아니, 아빠. 서귀포가 서울 근교에 있어요?"
"그럼, 확실할 거야. 아빠 회사에 함께 근무하는 사람이 있
는데, 그 사람이 서귀포 사람이거든. 그런데 그 사람이 매일
출퇴근을 할 때 자전거를 타는 걸 보면 분명 서울 시내에서
멀지 않은 곳에 있을 거야!"

☆　　　☆　　　☆

※ 생각은 자유입니다. 그러나 자기 생각을 다른 사람에게 얘기하고
　자 할 때는, 그 생각의 옳고 그름에 대해 반드시 확인을 해야 합니
　다. 엉뚱한 자기의 생각이 무조건 옳다고 주장하는 것은 사회생활
　에 큰 오점을 남기게 될 것입니다. 아무리 어리고 모르는 부분이
　많은 사람에게라도 확실하지 않은 대답을 해서는 안 되는 것입니

다. 사소한 일이라도 잘못 판단하다가 대단히 큰 오해를 불러일으
키는 경우가 종종 있게 되니까요.

- 자만이나 교만은 만족에 대한 불구대천의 원수이다. - <T. 풀러>

시험해보다

홍국이가 미선이의 귀를 물어뜯었다는 혐의로 고소를 당했다. 경찰서에 불려 온 홍국이에게 경찰관이 심문했다.

"이봐, 김홍국! 이 고소장의 내용이 사실인가? 이놈, 정말 나쁜 놈이구만. 어떻게 연약한 여자의 귀를 물어 뜯었단 말인가?"

그러자 홍국이는 두 손을 들어 흔들며 강하게 부인했다.

"아닙니다요. 천만의 말씀입니다요. 미선이 자기가 깨물었습니다요. 저는 도무지 모르는 일입니다요."

홍국이의 엉터리 같은 대답에 경찰관 아저씨는 어이없다는 표정을 지으며 화를 버럭 냈다.

"이놈 봐라! 이놈이 엉터리 같은 거짓말을 하고 있네. 자기 입으로 자기의 귀를 어떻게 물 수가 있단 말인가? 거짓말에도 분수가 있어야지. 그런가, 안 그런가?"

이 말을 들은 홍국이는 갑자기 마루바닥에 데굴데굴 뒹굴면서 목을 이리저리 돌리는 것이었다.

경찰관 아저씨는 갑자기 나뒹구는 홍국이에게 고함을 질렀다.

"그게 무슨 짓인가? 지금 뭐하는 거냐고?!"

그러자 홍국이가 씩씩거리면서 하는 말,

"네, 자기가 자기의 귀를 물어 뜯을 수 있는지, 없는지 시험해보고 있습니다요."

☆　　☆　　☆

※ 유리보다 매끄러운 것도 없지만, 또한 유리처럼 깨지기 쉬운 것도 없습니다. 재치보다 더 멋진 것도 없지만, 그것보다 더 변덕스러운 것도 없다고 합니다. 재치로 인해 벌을 받을 수도 있다는 뜻이요, 때로는 무례하게 작용할 수도 있다는 말입니다. 거의 모든 어리석은 행위는 우리가 닮을 수 없는 사람들을 모방함으로써 생기는 것입니다. 그래서 어리석음은 물을 주지 않아도 잘 자라게 된다고 말하지요.

－ 사람이 이것도 저것도 할 수 없을 것이라고 생각하는 한, 그는 그것을 하지 않기로 작정한 것이나 다름없다. － <스피노자>

직업 정신

거지 부부가 동냥한 돈으로 복권을 샀다. 그런데 그게 글쎄, 1등에 당첨되어 3억 원을 타게 된 것이다. 그러자 아내 거지는 기뻐 어쩔 줄을 몰라하며 남편 거지에게 말했다.

"여보, 이젠 우리도 호강하며 살 수 있게 됐으니 당첨금을 타러 갑시다. 이참에 아예 직업도 바꾸어 버립시다."

그러자 남편이 혀를 끌끌 차며 말했다.

"뭐, 직업에 귀천이 있남. 우리 직업이 어째서 그래. 어차피 그 당첨금은 우리 것이니까 이왕 내친 김에 저 동네도 마저 돌고 가더라구!"

☆　　☆　　☆

※ 습관은 천성보다도 더 강하다고 합니다. 그러기에 얼른 고쳐지지 않는 것입니다. 아무리 새로운 사실이 다가왔더라도 그 습관이 바로 달라지지 않는 것은, 습관이 천성보다 더 강하기 때문입니다.

　- 일단 몸에 붙은 악습은, 깨어지기는 할지라도 고쳐지지는 않는다. - <쿠인틸리아누스>

개구쟁이

밖에서 실컷 장난을 치며 놀다가 늦게 들어온 꼬마가,
"엄마, 엄마, 나 뭐 같애?"
"꼭 흙강아지 같구나."
하고 엄마가 말했다.
"그럼, 옆집 아줌마 말이 맞았네."
"옆집 아줌마가 뭐라고 했기에?"
"그렇게 흙투성이가 됐으니 네 엄마도 너를 못 알아 보실 거라고 하더라구요."

☆   ☆   ☆

　- 반드시 지켜야 할 네 가지 행동지침이 있다. 무식하면서도 무식함을 모르는 사람은 바보이니, 그를 피해야 한다. 무식하면서 무식함을 아는 사람은 단순하니, 그를 가르치라. 유식하면서 유식함을 모르는 사람은 잠을 자고 있는 것이니, 그를 깨우라. 유식하면서 유식함을 아는 사람은 현명하니, 그를 따르라. - <버튼>

의정이의 일기

승현이는 나를 교정 뒤뜰로 불러내더니, "부탁해! 부탁해!"를 연발했다. 아무리 간청을 한다 해도 나는 그런 부정한 일을 하고 싶진 않았다. 우선 불결하게 생각되어 도저히 그럴 수가 없었다.

그러나 승현이의 옆 얼굴을 보고 있노라니 딱하다는 마음이 들어 어쩔 수 없이 그의 간청을 들어주기로 했다.

나는 우선 주위에 아무도 없다는 것을 확인하고는 나의 양 손을 승현이의 뺨으로 가져갔다. 승현이는 가만히 눈을 감고 기다리고 있었다.

'애는 의외로 소심하구나' 하는 생각이 들자 나는 갑자기 대담해져서 엉겁결에 양 손에 힘을 주었다.

그 순간 승현이와 나 사이에서 '쪽' 하는 소리가 났다. 승현이는 그제서야 만족한 듯이 눈을 뜨고는 나에게 고맙다는 말을 계속했다.

"의정아, 정말 고맙다. 이 여드름 때문에 정말 미치겠어. 한 번만 더 해줘. 정말 너의 손이 약손이구나."

고마워하는 승현이를 생각하면 한 번 더 해주고 싶지만 역시 불결하다는 생각은 여전했다. 다시는 그러지 말아야지. 남들이 보면 꼭 오해하기 십상이거든.

☆   ☆   ☆

※ 도(道)와 덕(德)이 높았던 보우(普愚) 스님께서 말씀하시기를, "사람의 마음이란 지극히 미묘한 것이어서, 말로 이해할 수도 없고, 생각으로 깨달을 수도 없으며, 침묵으로 통할 수도 없다."고 했습니다. 이렇듯 사람의 마음이란 쉽게 알 수 없는 것이지만 누구나 마음을 열어놓고 얘기할 수 있을 때, 가장 친밀해지는 것입니다.

　-　마음의 근본이 밝으면 어두운 방안에도 푸른 하늘이 있고, 생각하는 것이 어두우면 한낮 아래서도 도깨비가 나타난다. - <채근담>

여자의 마음

얼굴이 예쁘기는 하나 욕심이 많은 누나에게 갑자기 두 군데서 혼담이 들어왔다. 강남에 사는 청년은 부잣집 아들이지만 얼굴이 못생겼고, 강북에 사는 청년은, 얼굴도 잘 생겼고 똑똑하긴 했으나 무지하게 가난했다.

어떻게 하면 좋을까 하고 생각하다가 가족회의를 열었다. 그러나 강남 청년과 강북 청년은 반반의 지지를 얻어 결정을 내릴 수 없었다. 물론 나는 강남 청년을 지지했다. 그 이유는 부잣집 자형을 맞으면 나에게 경제적 도움이 되리라는 생각 때문이었다. 그러나 내 생각은 조금도 도움이 되지 않을 것이 뻔했다.

그래서 결국 엄마와 아빠는 망설이다가 본인의 의사를 물어 결정하기로 했다.

네가 강남으로 시집 가고 싶거든 오른쪽 손을 들고, 강북으로 시집 가고 싶거든 왼쪽 손을 들어라. 전적으로 네 의사를 존중하기로 했으니까.”

이 말에 누나는 한참 동안 생각하더니 두 손을 다 드는 거였다. 누나의 행동을 지켜보고 있던 아빠와 엄마는 눈을 동그랗게 뜨고는 걱정스럽게 말했다.

“아니, 한 쪽 손을 들어야지, 두 손을 다 들면 어떡하나?”

그러자 욕심쟁이 누나가 빙긋 웃으며 하는 말,

“아이, 엄마두. 밥은 강남에서 먹고 잠을 강북에서 자면 되잖어유!"

☆　　　☆　　　☆

※ 지나친 욕심은 항상 만족에 도달하지 못하고, 끝까지 욕구를 만족
시키려는 헛된 망상 속에서 자신을 탕진시키는 바닥 없는 항아리처
럼 되고 맙니다. 탐욕스러운 사람은 나이를 먹어 감에 따라 더욱
탐욕스러워질 것입니다.

　- 욕심꾸러기는 죽을 때까지 아무 일도 제대로 이루지 못한다. - <T.
풀러>

바꿔 심기

얼굴이 제멋대로 자유분방하게 생긴 한 언니가 언제나 요란한 복장, 짙은 화장을 하고 직장엘 나왔다.

그 꼬락서니를 보다 참다 못한 직장 상사가 이 언니를 불러 주의를 주었다.

"미스 김, 제발 거울 좀 보며 반성해요! 얼굴 하며 그 치장이 뭐예욧!"

그러자 그 언니는 새침해지면서 말했다.

"어머머 과장님, 제 얼굴이 어때서요?"

"뭐? 어때서요? 그 화장한 모양이랑 옷차림이 도대체 아무렇지도 않단 말인가?"

이 언니는 그래도 얼른 알아차리지를 못하고 무슨 패션모델이라도 된 듯 빙그르르 돌아보이며 한마디 내뱉었다.

"원, 과장님두. 직장의 꽃이라는 말도 모르세요? 그래서 일부러 좀 예쁘게 꾸민 거라구요. 공짜로 꽃구경하시면서 괜히 야단이셔, 흥!"

며칠 후, 과장은 화장도 야하지 않고 옷차림도 수수하게 입은 예쁜 다른 언니를 데리고 왔다.

"오늘부터 이 미스 박이 우리 과에서 근무할 것이니 그렇게 알고, 미안하지만 미스 김은 모델과로 가서 근무하도록!"

그러자 미스 김 언니의 자유분방한 얼굴이 붉으락 푸르락 하면서 어쩔 줄 몰라했다.

“어머머, 어머머, 과장님……! 정말 너무 하십…….”

대들듯이 큰소리로 말하려는 미스 김 언니의 말을 막으며 과장이 쏘아붙이듯 말했다.

“왜 싫은가, 미스 김? 아무리 생각해봐도 자유분방한 미스 김은 자기 적성에 맞는 모델과로 가는 게 옳을 것 같아서 그래요. 그리고 이 자리엔 호박꽃을 뽑아버리고 백합을 심으려는 거라구! 알겠어요?”

☆　　☆　　☆

※ 예의를 지킨다는 것은 여러 사람에게 자기의 존재에 대한 참모습을 보여주는 것이기 때문에 언제나 칭송의 본보기가 되는 것입니다. 사람은 때에 따라서는 겸손할 줄도 알아야 합니다. 그러기에 항상 겸양미덕을 가꿀 줄 알도록 가르치고 배우는 것입니다. 자기의 분수를 모르고 제멋대로 살기를 원한다거나, 주변의 이목을 무시한 채, 잘난 척하는 것은 참으로 꼴불견이요, 망신살 뻗칠 일이지요.

　- 누구든지 자기를 높이는 자는 낮아지고, 누구든지 자기를 낮추는 자는 높아지리라. - <마태복음>

정 답

과학 시간에 선생님이 말했다.

"여러분은 해와 달 중에서 어느 것이 더 고맙다고 생각하나요?"

선생님의 질문에 얼른 손을 들고 일어난 사람은 봉구였다.

"그건 달입니다."

"왜 그렇지요? 백봉구는 왜, 해보다 달이 더 고맙다고 생각해요?"

그러자 봉구는 자신만만하게 대답했다.

"해는 밝을 때 비춰주니까 덜 고맙구요, 달은 어두울 때 비춰주니까 그게 더 고마운 거지요."

봉구의 대답을 듣고 난 선생님, 고개를 끄덕이며 하는 말,

"그러고 보니 정말 그러네."

☆   ☆   ☆

－ 배우지 않고 견문이 없는 사람은, 마치 황소처럼 늙어간다. 몸집은 커지고 고깃덩어리는 늘어나지만, 지혜는 조금도 자라지 않는다. －
<법구경>

약올리는 방법

　복잡한 시내 버스를 타고 학교에 가는 길이었다. 수돌이가 서 있는 바로 앞 자리에서 한 아이가 일어나려다 앉고, 또 일어나려다 도로 앉고 하며 엉덩이를 들썩거리고 있는 게 아닌가.

　저 아이가 금방 내릴 준비를 하고 있는 게 틀림없다고 생각한 수돌이는, 그 아이가 내리고 나면 자기가 그 자리에 앉을 수 있다는 부푼 기대감에 차 있었다.

　수돌이는 그 자리를 차지하려고 바짝 긴장하며 조금씩 조금씩 다가섰다.

　'이제 내리려나 보다. 이번엔 내리겠지.'

　그러나 그 아이는 내리기는커녕 계속 엉덩이를 들썩거리더니 겨우 한다는 소리가,

　"어메, 엉덩이에 종기가 나서 바로 앉지를 못하겠네."

☆　　　☆　　　☆

　※ 지나친 기대는 더욱 큰 실망을 안겨 주게 됩니다.

　- 손꼽아 기다리는 일은 좀처럼 일어나지 않고, 대부분 거의 기대하지 않았던 일은 잘 이뤄지게 되는 법이다. - <B. 디즈레일리>

사업도 사업 나름

진이 아빠는 조그마한 사업을 하고 있었는데, 그래서 장차 진이를 사업가로 키우고 싶은 마음에서 산수공부를 더 열심히 하라고 타일렀다. 숫자 개념이 확실해야만 장사를 잘 할 수 있다는 설명까지 덧붙였다. 진이도 그렇게 하겠다고 아빠에게 약속했다.

그 후 어느 날, 진이가 성적표를 가지고 왔다. 그것을 본 아빠는 화가 무척 났다.

"이 성적표 좀 봐! 내가 그만큼 타일렀건만 산수 성적이 40점도 안 되잖아! 이래가지고서 어찌 장차 사업가가 되겠냔 말이야! 거기다가 선생님께서 너는 천 단위 이상의 숫자는 도무지 계산할 수 없는 아이라고 단서를 붙여 놓았잖아! 이래서는 장차 사업은커녕 직원도 할 수 없겠다!"

그 말에 산수공부를 무척 싫어하는 진이는, 그까짓거 대수롭지 않다는 듯 명랑하게 대답했다.

"걱정없어요, 아빠. 나는 커서 100원 균일의 사업을 생각하고 있으니깐요."

☆　　　☆　　　☆

※ 자기가 가고 있는 곳을 모르는 사람은 결코 성공할 수가 없습니다. 자기가 지향하고자 하는 목적이 설정되어 있지 않다면, 그것 역시 성공할 수가 없습니다. 성공이란 자기의 목표에 강한 의지를 불

태울 때만 가능한 것이니까요.

- 자기 신뢰는 성공이라는 열매를 따는 제1의 비결이다. - <에머
슨>

알까, 모를까

순돌이 아빠는 심한 정신분열증에 걸려 있었다. 그는 자기가 쥐새끼라는 생각을 하고 정신병원에 입원을 했다.

다행히도 유명한 의사 선생님의 지극한 치료로 증세가 호전되어 드디어 퇴원을 하는 날이었다.

그런데 순돌이 아빠가 병원 출구에서 턱 버티고 선 채 나가려고 하지를 않았다. 의사 선생님이 이상하게 생각하고 그 이유를 물었다.

"이제 다 나았는데 어째서 그렇게 버티고 서 있는 거요? 어서 나가요."

의사 선생님이 등을 떼 밀다시피 하면서 나가라고 해도 영 나가지 않으면서 하는 말,

"글쎄 저기에 고양이가 있단 말예요."

"그러나 이제 당신은 쥐가 아니지 않소."

그러자 순돌이 아빠가 고개를 갸웃거리며 의아스럽다는 듯 말했다.

"그럼, 저 고양이도 내가 쥐가 아니라는 걸 알까요?"

☆　　　☆　　　☆

※ 오랫동안 한 가지에 집착을 하게 되면 환경의 변화가 와도 그것이 집착하던 것과 같다고 느끼는 경우가 많습니다. 어제는 오늘과 같지 않고, 내일도 역시 오늘과 똑같을 수는 없는 것입니다.

- 생(生)은 오는 것을 물리칠 수도 없고, 가는 것을 막을 수도 없다. 그러나 슬픈 일이다. 세상 사람들은 육체만 유지하면 생명이 보전되는 줄로만 알고 있으니. - <장자>

확   인

오빠와 언니가 문학에 대해 얘기를 하고 있었다. 어느 작품의 작가를, 오빠는 윤극영 선생님의 작품이라고 얘기하고, 언니는 강소천 선생님의 작품이라고 서로 고집을 부렸다.

오빠와 언니는 서로 자기의 말이 옳다고 우기며 조금도 양보를 하지 않는 거였다.

한참 후, 언니가 제안을 했다.

"내가 죽어서 천국에 가면 강 선생님을 만나 사실 확인을 해 보겠어. 사실 확인이 되면 그때 오빠와 다시 따져 보도록 하자."

그러자 오빠는 비아냥대며 말했다.

"만일 네가 천국에 가지 못한다면 어떻게 하지? 내가 생각하기엔 너는 도저히 천국에 갈 수가 없단 말이야."

오빠의 비아냥을 들으며 언니가 새침해지며 말했다.

"내가 만일 천국에 가지 못한다면, 그땐 오빠가 나 대신 물어봐 주면 되잖아."

☆　　　☆　　　☆

※ 공자께서 말씀하시기를, "남이 나를 인정해주지 않음을 걱정할 것이 아니라, 내가 남을 이해하지 못할까 하는 것을 걱정하라."고 하셨습니다. 강물이 모든 골짜기의 물을 흡수할 수 있는 것은, 물이 아래로 흐르는 습성 때문입니다. 오로지 아래로 향할 수 있으면 결

국 위로도 오를 수 있게 됩니다.

- 이 사회에서는 피차 양보 없이는 서로 생활을 유지할 수가 없다. -
<S. 존슨>

유 령

  삼촌과 숙모는 금실이 무척 좋았다. 원경이가 알고 있는 한 수년 동안 단 한 번도 다투었다는 말을 들은 적이 없었다. 그런 삼촌과 숙모를 주위 사람들은 잉꼬 부부라 불렀다.

  그러던 어느 날, 삼촌은 술이 많이 취해 들어와서는 금방 잠이 들어버렸다.

  한밤중이 되었을 무렵, 삼촌은 술이 너무 취한 자신을 나무라는 숙모를 꿈에서 다시 만나 미안한 생각을 가지고 얼굴을 제대로 못들었다. 그리고는 "여보, 미안해!"를 수없이 말했다. 그런데 그 꿈에서, 갑자기 심장마비를 일으킨 숙모가 죽어버린 것이었다.

  삼촌은 자기가 술을 마셨기 때문에 숙모가 충격을 받아 죽은 것이라 생각했다. 그래서 울고 또 울었다. 슬픔이 너무 커서인지 몸을 뒤척이다가는 옆으로 돌아 누워서도 훌쩍훌쩍 우는 것이었다. 삼촌의 훌쩍거리는 소리에 잠이 깬 숙모가 이상히 여겨 가만히 일어나 앉아서는 불도 켜지 않은 채 삼촌을 흔들어 깨웠다.

  "여보, 여보! 왜 그러세요?"

  그러나 삼촌은 숙모의 말을 들은 척도 하지 않은 채 계속 훌쩍거리며 울고 있자, 숙모가 좀더 큰소리로 깨웠다.

  "여보, 왜 그러느냐구요? 이 밤중에 훌쩍거리긴 왜 훌쩍거려요? 뭐 귀신이라도 나왔나요?"

그러자 삼촌은 가만히 눈을 뜨더니 화들짝 놀라며 말했다.
"아이구 맙소사! 벌써 유령이 되어 나타났네!"

☆　　　☆　　　☆

※ 꿈과 현실은 같을 수도 있고, 또는 정반대일 때도 있습니다. 현실
  에서의 일에 너무 집착하다 보면 꿈도 현실처럼 나타나기도 하는
  경우가 있다고 합니다. 현실은 올라가는 계단도, 내려가는 계단도
  아닙니다. 오늘은 오늘이며, 언제나 오늘일 수밖에 없습니다.

　- 정의(正義)는 모든 것들의 위에 존재한다. 성공도 좋은 것이고,
부(富)도 역시 좋은 것이며, 명예는 더욱 좋은 것이지만, 정의는 그들
모두를 능가하고도 남는다. - <D. D. 필드>

품위있는 거짓말

강태공 동호회에 모인 사람들 중에서 한 아저씨가, 낚시를 하여 희대의 큰 고기를 낚았다고 자랑했다.

"난 말이야, 지난 주 수요 낚시에서 다섯 자나 되는 낚시 사상 최대의 연어를 한 마리 멋지게 낚아 올렸지!"

"야, 이 사람아! 거짓말 작작 하게나! 거짓말도 품위가 있어야지. 어찌 그렇게 상상할 수도 없는 거짓말을 하는가? 세상에 다섯 자나 되는 연어가 어디 있다고 그런 터무니없는 거짓말을 하나! 천하에 자네 같은 엉터리는 보다 보다 처음일세. 차라리 자네의 거짓말이 사상 최대라고 하게나. 아무리 낚시꾼의 거짓말은 천하가 다 안다지만 이건 너무 지나치잖아!"

옆에서 듣고 있던 친구 강태공 아저씨가 쏘아붙이듯 말했다.

"믿지 않겠지만 그게 사실인 걸 어떡하지?"

처음의 아저씨는 능글맞게 자기의 주장을 사실이라고 우기며 말했다.

그 말을 들은 두 번째 아저씨는 슬그머니 부아가 치밀어 올랐다. 그게 사실이라면 같은 강태공으로서 자존심이 무척 상하는 일이 아닐 수 없는 거였다. 그래서 그에게 질 수 없다는 생각을 가다듬으면서 거짓말 뻥튀기를 만들어냈다.

"난 말이야! 곧이듣지 않을까 봐 여태껏 꾹 참고 있었는데 이젠 얘기를 해야겠어. 나도 지난 주 연휴 때 1박 2일 낚시를 가서 낚시에 걸린 고기와 무려 일곱 시간의 사투를 벌인 끝에 겨우 한 놈을 건져 올렸지. 그런데 말이야, 그게 물고기가 아니었단 말씀이야. 그러나 그게 물고기는 아니지만 옛날에 사용하던 큰 청자 등(燈)이었어. 그걸 기분좋게 낚아 올렸지! 그 청자 등에는 명패가 붙어 있었는데 지금부터 약 700년 전에 바다에 던져졌다고 씌어 있더군. 그런데 말이야 자네 놀라지 말게. 더 놀라운 것은 청자빛이 찬란하게 그대로 있는 것은 말할 것도 없고 그 등에 아직까지 불이 켜져 있는 채였단 말이야!"

가만히 그 말을 듣고 있던 처음의 아저씨가 입을 헤 벌린 채 눈만 껌벅껌벅 하더니 질렸다는 듯 말했다.

"아, 아, 알았네. 이 정도에서 우리 서로 타협이나 하세! 내가 연어의 크기에서 한 자를 뺄테니까, 자넨 그 청자 등에서 불을 꺼주게나!"

☆　　☆　　☆

※ 우선 겸손을 배우려고 하지 않는 사람은 아무것도 배우지 못한다고 합니다. 내가 먼저 양보하겠다는 마음의 바탕이 깔려야만 서로 간의 우의가 돈독해지는 것입니다.

　우리들 주변에는 더러 자기는 조금도 양보하지 않고 상대편만 양보해 주기를 바라는 욕심쟁이도 수두룩합니다. 남에게 강요만 하는, 그런 사람은 결코 자기가 이루고자 하는 일이 제대로 이뤄지지 않는다는 것을 염두에 두지 않으면 안 될 것입니다.

　－ 욕심 많은 사람에게는 거절할 이유가 언제나 준비되어 있다. 그것이 옳지 못함을 알면서도 굳이 그 이유를 만들어 놓는다. － <푸블릴리우스 시루스>

백합의 향기

진지하게 학급회의를 하고 있는데, 한 여자 아이가 소리 없는 방귀를 뀌었다. 냄새가 너무나 지독했다.
그러자 옆에 앉아 있던 아이들이 참다 못해 비꼬듯 말했다.
“이게 무슨 냄새길래 이렇게도 향기롭지?”
그러자 방귀를 뀌었던 그 여자 아이가 생긋 웃으며 말했다.
“예, 우리 학교 앞뜰에 핀 백합의 향기인가 봅니다.”

※ 자기 자신을 자기 스스로가 순수하고 고결하다고 상상하는 것은 매우 위험한 생각입니다. 겸손이야말로 최선의 미덕입니다.

 - 누구의 눈도 두려워하지 않고, 누구의 혀도 의심하지 않는 것은 순수성의 가장 큰 특권이다. - <S. 존슨>

장사꾼의 철학

　영구 아빠는 조그마한 가게를 운영하면서 알뜰하고 열심히
일했다. 좀 쉬어가면서 일하라는 주변의 만류에도 불구하고
억척스럽게 일을 하던 영구 아빠는 너무 지나치게 무리한 탓
에 그만 중병에 걸리고 말았다.

　병원에 입원하여 치료를 받아 보았으나 도저히 회복할 수가
없다고 했다. 의사 선생님은, 회복하기는 어렵고 언제 운명하
게 될지 알 수 없다고 했다.

　할 수 없이 모든 식구들이 누워있는 아빠 옆에 모여앉아 엄
숙한 표정으로 임종을 지켜보고 있었다.

　이윽고 빈사상태의 영구 아빠가 조그마한 목소리로 가족들
을 하나하나 찾고 있었다.

　"너희 엄마는 어디 있나?"

　"여보, 여기 있어요. 빨리 기운을 차리세요."

　"영구는 어디 있니?"

　"아빠, 저도 여기 앉아 있어요. 제 얼굴을 알아보시겠어요?"

　"너의 누나는 어디 있느냐?"

　"아빠, 저도 여기 있어요. 아빠의 손을 잡고 있는 사람이 저
예요."

　그러자 영구 아빠는 마지막 안간힘을 다해 일어나려고 했다.
그래도 도저히 일어날 수가 없자, 엄마와 영구가 부축하여 일
으켜 앉혔다.

영구 아빠는 목에서 고르륵 고르륵 가래 끓는 소리를 내면서 울화가 터진다는 듯이 짜증을 내며 말했다.

"모두들 여기에 앉아 있으면 가게는 누가 본단 말이냐?"

이 한마디를 남기고 영구 아빠는 영영 저세상으로 가고 말았다.

☆　　☆　　☆

※ "그림을 그리든, 노래를 하든 즐거움을 위하여 일하라. 육체가 굶주리더라도, 네가 가장 사랑하는 그것을 위하여. 명예를 바라고 일하는 사람은 자주 그 목적을 잃는다. 돈을 바라고 일하는 사람은 자기 영혼을 돈과 바꾸게 된다. 일을 위하여 일하라. 그러면 일의 즐거움과 함께 명예와 돈도 자연스럽게 첨가될 것이다." 이 말은 K. 콕스의 『예술의 복음』에 나오는 말입니다.

　- 일은 인간 생활의 피할 수 없는 조건이며, 인간 복지의 참된 근원이다. - <L. 톨스토이>

좋아한다면

재천이와 계순이가 학교에서 돌아오며 다정스럽게 얘기를 나누고 있었다.

그러다가 재천이가 겸연쩍은 듯 뒤통수를 한 번 긁적이며 말했다.

"난, 네가 좋아. 아주 많이 좋아하고 있어!"

그러자 계순이는 얼굴이 붉으스름하게 달아오르며 수줍은 듯 대답했다.

"나도 그래. 넌 정말 착하고 좋은 애야."

"난 너에게 내가 가지고 있는 것은 뭐든지 원하면 다 줄거야."

재천이의 속셈을 알 수는 없지만 그래도 자기의 모든 것을 다 줄 수 있다는 말에 계순이도 그렇게 말하지 않을 수가 없어서 잠깐 머뭇거리다가 용기를 내어 말했다.

"나도 그래. 네가 원한다면 나도 내가 갖고 있는 것은 뭐든지 다 줄 수 있어."

그러자 재천이는 더욱 힘을 얻어 큰소리로 말했다.

"그래? 그럼 좋아! 네 이빨 하나만 빼줘. 내 이빨 하나가 빠져 없어졌거든."

☆　　　☆　　　☆

※ 사람은, 누구에게나 비밀이 있습니다. 그렇지만 그 비밀이란 것이 각자 사람에 따라 천차만별로 활용되기도 하고 지켜지기도 합니다. 흔히 사람들은 자기 마음속의 비밀을 이야기하고자 합니다. 이야기하고 싶어서 이야기하는 사람이 있고, 이야기하고 싶지 않은데도 이야기하는 사람이 있습니다. 이렇듯 유심무심(有心無心)의 차이는 있으나, 결국 마음속의 비밀이라는 것은 오래 숨겨 둘 수가 없는 것인가 봅니다.

　남자는 자기의 비밀보다 남의 비밀을 잘 지킬 수 있으나, 여자는 반대로 남의 비밀을 입싸게 지껄이지만 자기의 비밀은 지킵니다. 이것이 남자와 여자의 비밀에 대한 차이점입니다.

　- 비밀을 보존하고 싶으면, 그 비밀을 솔직 속에 튼튼히 싸 두어야 한다. - <A. 스미드>

착각은 오해를 낳는다 (Ⅱ)

여름방학이 시작되었다. 그러나 만날 노는 것도 지겨운 일이다. 그날도 수홍이는 양락이, 녹기, 희석이, 주일이 등 여러 친구들과 어울려 별로 재미없는 놀이를 하고 있었다. 놀이라고는 하지만 누구 하나 신이 나서 그 놀이에 적극적인 사람은 없었다. 모두들 마지못해 그냥 심심풀이로 어울리고 있는 판이었다.

그러던 중, 봉구가 한 가지 제안을 했다.

"애들아 우리 이럴 게 아니라, 어떤 내기를 하는 게 안좋을까?"

"가위 바위 보를 해 꼴찌 한 사람이 다른 사람을 업어주기로 하는 게 좋겠다."

"아니야, 팔씨름을 해 제일 꼴찌가 한턱 내기로 하는 게 좋겠어!"

"난, 달리기를 하는 게 좋겠다. 저 느티나무를 한 바퀴 돌고 와서 제일 꼴찌가 한턱을 내는 게 어떻겠어?"

모두들 찬성하며 각자의 의견을 내놓았다. 그러자 몇몇 친구들이 내놓은 제안을 가만히 듣고 있던 녹기가 말했다.

"그보다는 우리 중에 제일 잘생긴 아이를 뽑아서 그에게 한턱을 얻어먹기로 하는 게 힘 안들이고 제일 좋겠다."

녹기의 발언에 모두들 박수를 치며 좋아라고 찬성을 하는데, 그 중에서 제일 잘난 척을 잘하던 주일이가 가만히 거울

앞으로 다가가서 자기의 얼굴을 비쳐 보고는 하는 말,
　"아니야, 녹기의 말에 난 절대로 반대야! 어차피 우리 중에
서 제일 잘난 사람을 뽑는다면 분명히 내가 될 텐데 뭐!"

☆　　　☆　　　☆

※ 인생은 어차피 제 잘난 맛에 사는 것이라고 말하는 사람도 있습
니다. 사람은 얼굴이 잘생긴 것이 잘난 게 아니라 겸양미덕을 골고
루 갖추어야만 잘난 사람 취급을 받게 됨을 알아야 합니다. 그러나
자부심을 잃어서는 안 됩니다. 인간이 입을 수 있는 가장 훌륭한
갑옷이 자부심이라 했습니다. 모든 것을 빼앗겨도 견딜 수 있지만,
자부심을 빼앗기면 견딜 수 없다고 하는 말은 바로 이를 두고 하는
말입니다. 물론 지나친 자만에 빠지는 것은 오히려 자신을 퇴락시
키는 결과가 되기도 합니다.

　- 나는 결코 제 잘난 체하는 사람들을 동정하지 않는다. 그들은
스스로 위안을 받는다고 생각하기 때문이다. - <G. 엘리어트>

그러면 그렇지

　　교통사고를 내고 병원에 입원한 무일푼 아저씨가 정신이 들기 시작했다. 그는 빚을 워낙 많이 졌기 때문에 사방팔방에서 빚 독촉이 심해지자 일부러 교통사고를 일으켜 병원에 입원하게 되었던 것이다.

　　사고의 충격에서 깨어난 무일푼은 자기 옆에서 간호하고 있는 예쁜 간호사 언니를 보고는 황홀해 하면서 말했다. 예쁜 여자만 보면 사족을 못쓰는 그가 농을 걸고 싶은 마음이 또 발동한 것이었다.

　　"여기가 천당인가요?"

　　그러자 간호사 언니가 신경질적으로 팩 소리를 질렀다.

　　"여기가 천당일 것 같아요? 부질없는 생각 말아욧! 여기는 병원이란 말예욧, 병원!"

　　간호사 언니는 무일푼 아저씨가 빚쟁이를 피하려고 일부러 교통사고를 일으킨 것을 뻔히 알고 있었던 것이다. 그래서 더욱 얄미워 신경질적으로 쏘아 붙인 것이다.

　　그런데 톡 쏘아붙이는 말소리가 어디선가 많이 듣던 음성 같다는 것을 느낀 무일푼 씨는 가만히 간호사 언니를 쳐다보더니 움찔 놀라는 것이었다. 그 간호사 언니는 무일푼 씨의 바로 이웃에 사는 빚쟁이 중의 한 사람이었던 것이다. 아무리 빚쟁이로 얼굴 두껍게 살아온 무일푼 씨라 할지라도 이럴 땐 겸연쩍어 견딜 수가 없었다. 그래서 엉겁결에 한마디 했다.

“그럼, 그럼, 그럴 테지! 여기가 천당이라면 빚쟁이가 따라
왔을 리가 없지!”

☆ ☆ ☆

※ 둘째 가는 악(惡)이 거짓말이요, 첫째 가는 악이 빚지는 것이라고
했습니다. 될 수 있는 대로 빚을 지지 않도록 하십시오. 우리 나라
경제 사정이 나빠져 어쩔 수 없이 IMF로부터 빚을 지게 되었습니
다. 그 원인은 고사하고라도 우리는 엄청난 시련을 겪고 있습니다.
빚진 사람은 이렇듯 많은 것을 상실하게 되고 허약한 처지로 몰리
게 됩니다.

　- 빚을 갚는 방법은 두 가지뿐이다. 하나는 더 부지런히 일해 수
입을 늘리는 것이고, 또 하나는 검소한 생활로 지출을 줄이는 것이다. -
〈칼라일〉

조건반사

의정이가 옆집 승현이에게 책을 빌리러 갔다. 승현이는 상냥하게 말했다.

"그래, 빌려줄게. 그런데 니네 집으로 책을 가져가서는 안 돼. 여기서 봐."

며칠 후, 승현이가 의정이네 집에 가서는 잔디 깎는 기계를 빌려 달라고 했다.

그러자 의정이는 상냥하게 웃으며 말했다.

"그래, 어서 써. 그러나 니네 집으로 가져 가서는 안 돼, 알았지?"

☆   ☆   ☆

※ 사람의 마음은 때와 장소, 경우에 따라서 변하는 수가 많습니다. 즉, 꼭 같은 한 개가, 동시에 좋을 수도 있고, 나쁠 수도 있으며, 득도 없고 해도 없을 수가 있습니다. 예를 들어, 음악은 우울한 사람들에게는 좋지만 슬퍼하는 사람들에게는 나쁩니다. 마찬가지로 귀가 어두워 듣지 못하는 사람에게는 좋지도 않고 나쁘지도 않겠지요.

- 사람이 호랑이를 죽이고자 할 때 사람은 이를 스포츠라고 부르며, 호랑이가 사람을 죽이고자 할 때 사람은 이를 잔인하다고 한다. -
<I. H. 브럼리>

겉과 속은 다르다

두 전문의가 해변으로 여름 휴가를 갔다. 성형외과 의사가
해안을 한 바퀴 둘러보고는 방사선과 의사에게 말했다.
"여기에 와 있는 여자들은 모두 다 미인이군, 그려. 저 많은
미인들 중에는 아마도 나에게 시술을 받은 여인도 있을 걸세."
그 말을 가만히 듣고 있던 엑스레이 전문의가 하는 말,
"글쎄, 그건 자네의 시각이고 내가 보기엔 모두가 다 형편없
는걸. 자네가 보는 겉은 멀쩡한지 모르지만 내가 보는 속은
모두가 다 형편없단 말이야."

☆   ☆   ☆

※ 사람마다 자기가 갖고 있는 선입견이 다를 수 있습니다. 대부분
자기의 전문 분야에 따라 보는 눈과 생각하는 두뇌가 달라지게 되
니까요. 그러나 분명한 것은, 정답은 오직 하나뿐이라는 사실입니
다.

　- 모든 진리에는 약간의 거짓이 섞여 있다. - <롱펠로>

지겨운 공부시간

산수 시간이었다.

수업이 거의 끝나갈 무렵 선생님이 학생들에게 말했다.

"자, 이제 시간이 조금밖에 안 남았는데, 지금부터는 너희들의 질문을 받기로 하겠다. 무엇이든지 궁금하거나 알고 싶은 것이 있으면 질문을 하도록."

그때 뒷자리에서 짓궂은 학생이 손을 번쩍 들었다.

평소 수업 시간에 단 한 번도 질문을 해본 적이 없는 학생이 손을 번쩍 들자 선생님은 반가워서 말했다.

"그래, 양락이로군. 어서 말해봐."

그러자 양락이는 벌떡 일어서며 큰소리로 질문했다.

"선생님, 수업이 끝나려면 몇 분 남았습니까?"

☆　　☆　　☆

※ 현명한 사람은, 어리석은 사람이 현명한 사람으로부터 얻는 이익보다 어리석은 사람으로부터 더 많은 이익을 얻습니다. 현명한 사람은 어리석은 사람의 실수를 피하지만, 어리석은 사람은 현명한 사람의 성공을 모방하지 않기 때문입니다.

　- 오늘 배우지 않아도 내일이 있다고 말하지 말라. 올해 배우지 않아도 내년이 있다고 말하지 말라. 배우지 않으면 곧 늙고 쇠퇴해진다. - <주자(朱子)>

몇 분 남았습니까?

경인이의 변

선생님과 경인이가 말씨름을 하고 있었다. 먼저 선생님이
말했다.

"경인이 너는 시간을 너무 헛되이 보내고 있어. 시간을 낭비
하는 것은 앞으로 너에게 큰 손해를 가져다 준다는 것을 알아
야 해. 시간을 아낄 줄 알아야 하는 거야. 그래서 시간은 금이
라고 하잖니. 시간은 바로 돈이야!"

그러자 경인이가 대꾸했다.

"황금을 알기를 돌같이 하라고 최영 장군님의 아버지께서
말씀하셨습니다."

"이놈이, 말대꾸는 잘 하는구나. 입만 살아가지고 말은 잘하
는구나. 어서 공부나 열심히 해. 늦다고 생각하지 말고 지금부
터라도 열심히 하면 잘 할 수 있을 거야. 시작이 반이란 말도
있어."

"가다가 중단하면 아니 감만 못하다고 했습니다."

"이놈 봐라. 아는 것이 힘이다. 어서 많이 배워야 한다."

"모르는 것이 약이라고 했습니다."

"그래도 말대꾸냐? 말조심이 없는 놈이로구나. 옛말에 돌다
리도 두들겨 보고 건너라고 했는데 이놈은 영 조심성이 없구
나!"

"예로부터 모험 없는 승리는 없다고 했습니다. 그래서 장사
도 위험한 장사가 많이 남는다고 했잖습니까?"

“이런 고얀 ······.”

☆　　　☆　　　☆

※ 프랑스의 철학자이며 소설가인 사르트르는 인간에 대하여 이렇게 설파하였습니다. “인간은, 자기 자신 이외에는 어느 누구도 생각해서는 안 되고, 무한한 자기 책임의 한복판에서 도와주는 사람 없는 이 세상에 버림받은 외톨이며, 스스로 설정한 목적이 아니면 아무런 목적도 없으며, 이 세상에서 자기 혼자 힘으로 만드는 운명 이외에는 다른 어떤 운명도 있을 수 없다는 것을 먼저 이해하지 않고서는 어떤 일도 꾀할 수 없다.”

－ 나는 나 자신보다 더 큰 괴물이나 불가사의한 것을 본 적이 없다. －
<몽테뉴>

화날 때 쓰세요

유치원에 다니는 동생이 동네 골목길에서 놀다가 그만 세발 자전거를 잃어버렸다. 걸핏하면 무엇이든 잘 잃어버리는 동생인지라 엄마는 화가 잔뜩 났다.

엄마는 잃어버린 자전거를 찾아오라고 야단을 쳤다. 혼이 난 동생은 잃어버린 자전거를 찾겠다고 바깥으로 나갔으나 찾을 수가 없었다. 한 시간쯤 지난 후, 동생은 자전거를 찾지 못했다면서 돌멩이 하나를 들고 들어와 엄마께 내미는 것이었다.

엉뚱한 행동을 하고 들어온 동생을 본 엄마는 더욱 화가 나서 큰소리로 말했다.

"자전거는 찾지 못하고 이 돌멩이는 무엇에 쓰려고 가져 왔냐!"

그러자 동생이 싱긋 웃으며 하는 말,

"엄마가 화가 나서 창문에 던질 때 쓰시라고요."

☆　　☆　　☆

※ 세상에는 별의 별 모양의 것이 있듯이 사람의 마음도 가지 각색, 천차만별인 것입니다. 그러나 한 가지, 마음은 항상 비어 있어야 한다고 말합니다. 말하자면 욕심을 버려야 한다는 것이겠지요. 그런 마음이 있으면 정의와 진리가 그 빈 공간에 와서 살게 된다는 것입니다.

– 현명한 자는, 자기 마음의 주인이 되고, 미련한 자는 그 노예가 될 것이다. – <푸블릴리우스 시루스>

자존심과 돈 사이

가난한 집안에 혼기가 꽉 찬 한 청년이 있었는데, 그는 자기의 원대한 꿈을 이루기 위해서는 꽤나 많은 돈이 필요하다고 생각하고 있었다. 그러나 원래 타고난 재산이 없었던 터라 누군가의 도움을 받지 않으면 안 된다고 생각하기에 이르렀다. 그는 궁리 끝에 묘안을 생각해냈다.

돈이 많은 여자가 자기를 찾아오기를 기다리기로 했다. 좀 못생겼어도 신체가 건강하고 돈 많은 집안의 딸이면 장가를 들겠다고 벼르고 있는 거였다.

그런 어느 날, 중매쟁이가 와서 집안 어른들과 상의를 하고는 이 청년에게 말했다.

"자, 이리 좀 가까이 와서 내 말을 좀 들어보시오."

자존심 하나로 버텨 왔다고 해도 과언이 아닌 이 청년은 그래도 체면을 살리겠다는 생각으로 바쁜 척하며 말했다.

"여기서도 잘 들리니까 얼른 얘기나 하시지요. 나도 요즘 무척 바쁘단 말입니다."

"그래, 이 사진을 좀 봐요. 참 예쁘죠? 이 검고 치렁치렁한 생머리를 보면 더욱 탐이 난단 말이야."

중매쟁이는 어떻게 하든 이 청년에게 관심을 갖도록 하기 위해 아가씨 자랑을 늘어놓았고, 그 사진을 본 청년은 이미 알고 있다는 듯 말했다.

"그 아가씨도 분명 부잣집 딸이겠지요? 내 이미 다 알고 있단 말예요."

　좀 심드렁하게 말하는 이 청년에게 중매쟁이는 어떻게 하더라도 설득하여 성사시키려고 맘에도 없는 과찬을 늘어놓기도 했다.

　"잘 아시는군요. 이 아가씨가 가져 올 수 있는 지참금이 얼마나 되는 줄 아시기나 하우? 자그마치 수십억이나 된단 말입니다."

　"그것도 알아요. 그런데 말입니다. 문제는, 저번에 왔을 땐 그 아가씨가 다리를 절름거린다고 했는데 지금은 다 나았나요? 아니면 늘 그렇게 절름거리나요?"

　그러자 중매쟁이는 팔을 들어 흔들며 말했다.

　"천만에요! 그럴 리가 있나요. 언제나 늘 그렇게 절름거리지 않아요. 다만 걸음을 걸을 때만 조금 저는 거지!"

☆　　　☆　　　☆

　※ 자존은 사람이 입을 수 있는 가장 고상한 의상이며, 마음을 북돋워 줄 수 있고 가장 의기양양하게 하는 인간의 감정입니다. 자존심이 굳이 미덕이라고 할 수는 없지만, 그것은 많은 미덕의 모체가 되기는 합니다. 그래서 모든 살아있는 생물은 거의 다 자신을 사랑하게 되는 것입니다.

　- 자존심은 실밥이 다 드러나 해진 외투 밑에도 숨어 있을 수 있다. - <T. 풀러>

남자의 자존심

순돌이가 냇물에 빠져 허우적거리는 것을 보고는 마침 그곳을 지나가던 여자 친구가 걱정스럽게 말했다.

"너, 물에 빠졌구나. 조금만 기다려. 내가 곧 구해 줄게."

그러자 순돌이는 그래도 남자라는 자존심이 있어서 하는 말,

"아, 아니야, 아니야. 난 지금 미역을 감는 중이야. 난 괜찮으니까 어서 가봐."

할 수 없다는 듯 여자 친구는 그냥 지나치면서 중얼거리듯 말했다.

"원, 세상에. 옷 입은 채로 미역감는 녀석 처음 보겠네."

☆　　　☆　　　☆

※ 그리스의 철학자이며 수학자였던 피타고라스(Pythagoras)는, 지동설(地動說)을 주창한 대학자였습니다. 그는 인간의 자존에 대해서 이렇게 설파했습니다.

　"숭배받는 인물들 앞에서는 신(神)을 존경하고, 병사(兵士)들 앞에서는 영웅을 존경하고, 여러 사람들 중엔 우선 부모를 존경하라. 그러나 무엇보다도 먼저 너 자신을 존경하라." 이와 같이 사람은 자기에 대한 자존심도 매우 중요함을 역설하였습니다.

　─ 자존심은, 우리가 적의 지배 하에 있을 때 비참해지는 것을 막을 것이며, 또 세상이 우리에게 반대할 때 우리가 올바를 것이라는 것을 느끼게 해 줄 것이다. ─ <B. 러셀>

인기 상승에 대한 비례

홍국이가 땡칠이 한 마리를 데리고 고급 식당에서 저녁 식사를 하고 나오면서 종업원에게 5천 원짜리 한 장을 주면서 말했다.

"이것을 받고 내가 좀 더 유명해지기를 빌어주게나!"

팁을 받긴 했으나 별로 기분이 안좋은 종업원은 홍국이를 힐끔 쳐다보며 작은 소리로 대답했다.

"고맙습니다만 작년에는 똑같은 말을 하면서 만 원짜리를 한 장 주었잖아요!"

그러자 홍국이가 돌아보며 음성을 높여 말했다.

"임마, 그땐 그랬지. 그러나 지금은 작년보다 내가 좀 더 유명해져 있잖아!"

종업원은 홍국이의 큰소리에 흠칫 놀라며 시무룩한 표정을 지었다. 그리고는 대뜸 화난 목소리로 말했다.

"이러다간 내년에는 한 푼도 없겠군. 내년에는 아예 우리 식당에 오지 마시오. 그땐 지금보다 훨씬 더 유명해져 있을 테니까."

☆　　　☆　　　☆

※ 사람은 어떤 일에든 유명해지거나 해박해질수록 더 겸손해져야 하는 법입니다. 그러나 대부분은 그렇질 않습니다. 자기의 어려웠거나 별로 신통치 않았던 과거에 비해 좀 나아졌다는 생각이 들면,

오히려 우쭐하며 거만해지기 일쑵니다. 물론 사람마다 다 그런 건 아닙니다만 특히 과거에 미천했거나 어려웠던 사람들 중에 간혹 그런 경우를 보게 됩니다. 인격이란 어둠 속의 사람 됨됨이라고 합니다. 명성은 얻는 것이지만 인격은 주는 것이라고 했습니다. 그래서 이 얻는 명성과 주는 인격의 진리에 눈을 뜰 때 인간은 비로소 살기 시작한 것이라고 했습니다.

　－ 인격을 씨 뿌려 놓지 않고 어찌 사상의 수확을 기대할 수 있겠는가? － <H. D. 도로>

천국인 줄 알았나 봐

칠득이 아저씨는 구두쇠로 유명했다. 억척같이 일을 한다고 해서 별명도 억척이였다. 한시도 일을 하지 않으면 손에 가시가 돋친다고 할 정도로 무지막지하게 일을 하여 재산도 많이 모았다.

그런데 너무 일을 많이 하여 건강을 잃게 되었고, 결국은 죽게 되었다. 그런 칠득이 아저씨를 두고 주변에서는 재산이 아깝고 또 일이 하고 싶어서 어떻게 죽었을꼬, 하며 비아냥거리기까지 했다.

그러했던 칠득이 아저씨가 죽은 지 며칠이 지난 후, 눈을 떠보니 그곳은 천국이었다. 그는 자신의 눈을 의심했다. 이승에서 남에게 욕을 먹어가며 돈 모으는 데만 정선없이 사력을 다 했기 때문에, 자기는 죽어서 천국에 갈 리가 없다고 생각했는데 분명히 천국이었다. 천국이 아니고는 도무지 그런 일이 일어날 수가 없었다.

출근하라고 깨우는 여우 같은 마누라도 없고, 거드름을 피우며 제 잘난 체하는 상사도 없었으며, 물론 잔소리 따위는 들을 수도 없었다. 오히려 비서 한 사람이 옆에서 무슨 일이든 거들어 주는 거였다. 그러니 이곳이 천국이 아니고 무엇이겠는가!

그런데 그에게는 그러한 평안의 세월이 오히려 싫증이 난 것이다. 그는 비서에게 부탁을 하였다.

"여보게, 내 손으로 할 수 있는 무슨 일을 좀 하도록 해 주게나. 나는 일을 하지 않으면 손에 가시가 돋는단 말이야."

그러자 비서는 정중히 그 청을 거절했다.

"이곳에서는 아저씨가 원하는 것 무엇이든지 다 이뤄지지만 딱 한 가지만은 절대로 안 됩니다. 그게 뭐냐 하면 바로 아저씨가 직접 일하는 것입니다. 이곳에서는 아저씨가 일하는 것은 절대 금지입니다."

이 말을 듣자 칠득이 아저씨는 화가 치밀어 큰소리로 야단을 쳤다.

"그렇다면 차라리 지옥이 낫지. 이거 원, 심심해서 견딜 수가 있나."

그 말을 들은 비서가 깜짝 놀라는 표정을 지으며 말했다.

"칠득이 아저씨, 여기는 천국이 아닙니다. 여기가 천국인 줄 아셨나 본데, 칠득이 아저씨에게는 여기가 바로 지옥이라구요."

일이 하고 싶어서 견딜 수 없는 사람에게 일을 할 수 없게 하는 곳이 지옥이며, 일이 하기 싫어서 야단법석을 떠는 사람에게는 지독하게 일을 시키는 곳이 바로 지옥이라고 했다.

☆   ☆   ☆

※ 그렇습니다. 자기가 하고 싶은 것을 하지 못하게 하고, 자기가 하기 싫은 것을 하라고 강요하는 것이 바로 벌입니다. 가장 하고 싶은 것을 하지 말라는 것과, 가장 하기 싫은 것을 반드시 해야만 하는 그것은 당사자들에게는 무척 괴로운 부담이 될 것입니다.

– 천국의 가치를 알려면, 15분 정도 지옥에 있어 보는 것이 좋다. –
<W. 칼튼>

병   원

운이 좋다

병원 앞에서 한 뚱뚱한 아저씨가 자동차와 충돌했다. 곧 사람들이 그 아저씨를 병원으로 옮기면서,

"이것 봐요. 그래도 당신은 정말 운이 좋다우. 여기가 바로 병원이라우."

하고 말하자 그 아저씨는 작은 목소리로,

"뭐가 운이 좋단 말이오. 난 이 병원의 원장이란 말이야."

☆　　☆　　☆

※ 사람이 살아가는 데는 많은 굴곡이 있게 마련입니다. 때로는 좋은 일도 생기게 됩니다. 일상적으로 우리들은 내가 생각하지 않던 어떤 좋은 일이 생기면 운이 좋다고 말하고, 뜻하지 않던 어떤 나쁜 일이 생기게 되면 운이 나쁘다고 말하지요. 그러나 이 운(運)이라는 것은 믿을 수도, 믿지 않을 수도 없습니다. 그것은 자기 행위의 잘잘못과 관계 없이도 생기는 것이니까요.

– 운명(運命)은 뜻이 있는 사람에게는 안내를 하고, 뜻이 없는 사람은 질질 끌고 다닌다. – <클레안테스>

염불하는 이유

심술이 많은 사내가 절에 놀러가서 스님들이 공부를 하고 있는 방에 들어갔다가 크게 모욕을 당했다. 화가 대단히 치밀어오른 그는 스님들과 한바탕 싸우고는 그냥 돌아갈까 하다가 그래도 이왕 왔던 곳이라 사찰 내를 구경하고 가기로 마음먹었다.

한쪽 모퉁이를 돌아서 동쪽에 있는 방 쪽으로 갔더니 스님이 불경을 외는 소리가 들리는지라 방문을 가만히 열어보니 스님 한 분이 불경을 외고 있는 게 아닌가.

심술 사내는 '옳다, 잘됐다. 이 스님한테 화풀이를 해야지.' 하며 말을 걸었다.

"스님께서는 누굴 위해 그렇게 혼자서 염불을 하고 계십니까?"

그러자 스님은 돌아보지도 않고 그대로 앉은 채,

"그저 한가해서 이렇게 경문을 외고 앉아 있을 따름이오. 그러나 어느 분이든 시주만 해 주신다면 바로 그분의 이름으로 지극정성 염불을 해 드립니다."

그러자 심술 사내는 주먹을 휘둘러 스님의 머리를 막무가내로 수없이 때렸다. 갑작스런 봉변을 당한 스님은 그때서야 놀란 듯 뒤를 돌아보며 항변을 했다.

"아니, 소승이 무슨 잘못이 있기에 이토록 때리십니까? 도대체 처사께서는 누구신지요?"

　　놀라 항변하는 스님의 물음에는 대답도 하지 않은 채 심술 사내는 냅다 소릴 질렀다.

　　"좌우지간 저쪽 방에 있는 중이 아주 밉상이던데 시주는 내가 많이 할 테니, 지금 스님께서 맞은 것만큼 얻어맞을 수 있도록 저쪽 중의 이름으로 염불해 주시오."

☆　　　☆　　　☆

　　※ 생각이 너그럽고 온후한 사람은 봄바람이 만물을 따스하게 기르는 것과 같아서, 모든 것이 너그러운 생각과 만나면 되살아나게 되지만, 생각이 각박하고 냉혹한 사람은 북풍의 세찬 바람과 같아서 만물을 얼게 해 결국은 죽게 만들고 맙니다.

　　- 모욕을 준 사람은 대개 자신이 준 모욕 때문에 벌을 받게 된다. 그러나, 우리는 그 사실을 자주 잊는다. - <A. 트롤로프>

삼촌의 호랑나비

그날은 삼촌이 술이 거나하게 취해 기분좋은 표정을 지으며 들어왔다. 그날 밤 잠을 자던 삼촌이 심한 잠꼬대를 하는 바람에 숙모가 깬 것이다. 삼촌은 잠꼬대에서 "나비, 나비" 하고 이상한 이름을 부르며 계속 잠꼬대를 하는 것이었다.

숙모가 듣기로는 그 '나비'라는 것이 분명 여자 이름임에 틀림없었다. 그날 늦게까지 술을 마시고 들어와서는 기분이 좋은 듯 싱글벙글했던 것도 수상하다고 생각했는데 그 '나비'라는 이름은 어느 술집의 여자 이름임에 분명하다는 직감을 갖게 된 것이다.

그래서 잠꼬대를 연거푸 해대는 삼촌을 흔들어 깨우고는 앙증스럽게 쏘아 붙였다.

"당신 말이야. 방금 잠결에 불러대던 그 '나비'라는 여자가 도대체 누구예요? 나 몰래 숨겨놓은 여자임에 틀림없죠?"

삼촌은 잠결에 자기가 '나비'의 이름을 자꾸만 불러댔다는 숙모의 말에 정신이 번쩍 들어 깜짝 놀라며 변명을 했다.

"나비, 나비라? 아, 그건, …… 그건 말이야, '호랑나비'라고 노래 있잖아! 콧수염 기른 가수 김흥국이가 부른 노래. 그 호랑나비의 '나비'를 불렀겠지, 뭐."

그 이튿날 삼촌은 회사에서 퇴근을 하여 집에 돌아왔다.

"별일 없었지?"

그러자 뾰로통 해진 숙모는 비아냥대듯 말했다.

"왜? 별일 있을 일이 있었어요? 그렇지 않아도 그 별일 때문에 기분이 몹시 상한단 말예요. 어젯밤에 당신이 꿈속에서도 불러대던 그 호랑나빈가 뭔가한테서 전화가 왔었어요. 누구냐고 물었더니 그 년이 스스로 자기 이름이 '나비'라더군요."

☆　　☆　　☆

※ 아무리 기분 좋은 일이라도 그 기분으로 인해 오랫동안 흥분상태에 놓여 있지 말아야 합니다. '한 번 실수는 병가상사'라고 했습니다만, 그 한 번의 실수가 다시 또 한 번, 이렇게 하여 자꾸만 실수를 되풀이하게 됩니다.

　거짓말은 아무리 좋은 의미일지라도 옳지 못한 것입니다. 거짓말이 발각되지 않은 예는 극히 드뭅니다.

　- 거짓말로 속이는 것은 악당의 본성이다. - <키케로>

기대와 실망

의정이의 오빠는 검소하기로 소문난 노총각이었다. 결혼을 하지 못한 이유 중에, 결혼을 빨리 하면 돈이 많이 들 것이기 때문에 미뤄오다 이젠 혼처가 잘 나타나지도 않는 노총각이 된 것이다.

그런 그에게 느닷없이 기대를 부풀려 주는 계기가 이뤄졌다.

그가 늘 애용하는 싸구려 양품점에서 아주 싼 와이셔츠를 하나 샀다. 집에 와서 그 와이셔츠를 펼쳐보니, 그 속에서 "편지와 사진을 보내주세요."라는 글과 함께 여자 이름과 주소가 적힌 쪽지가 나왔다.

노총각인 그는 기분이 야릇했다.

그래서 그는 얼른 편지와 사진을 보냈다. 그 후 얼마 안 있어 곧 답장이 왔다. 그는 흥분된 가슴을 진정시키며 편지의 봉투를 뜯었다.

그 속에는 이런 사연이 적혀 있었다.

"보내주신 사진을 감사히 받아 보았습니다. 저는 오랫동안 이 싸구려 와이셔츠를 만들고 있습니다만, 도대체 어떤 스타일의 남자들이 이것을 입는지 몹시 궁금했거든요. 이제 조금은 알 것 같군요."

"! ! ! !"

☆   ☆   ☆

※ 우리는 울기 때문에 슬프고, 때리기 때문에 화나고, 떨기 때문에
두려움을 느끼는 것이지, 우리가 슬프거나 화나거나 두렵기 때문에 울
거나 때리거나 떠는 것은 아니라는 것이 타당한 진술이라고 합니다.
　지능 정도가 아주 낮은 생물도 개념을 가질 수 있습니다. 그들이
똑같은 경험을 다시 겪었을 때 그것을 알아보기만 하면 되는 것입
니다. "심리학의 목적은 우리가 가장 잘 알고 있는 것들에 대해 완
전히 다른 개념을 우리에게 주는 것"이라고 프랑스의 시인 발레리
가 말했습니다.

　- 모든 것을 설명하는 심리학은 아무것도 설명하지 않는다. 그래
서 우리는 여전히 의심하고 있다. - <M. 무어>

다른 속셈

아빠가 엄마에게 말했다.
"오늘밤, 음악회가 있는데 당신은 내가 연회복을 안 사주면 그 음악회에 가지 않겠지?"
그러자 엄마는 자신을 데려가기 위해 아빠가 연회복을 사줄 거라는 생각에서 얼른 대답했다.
"물론이지요."
그러나 아빠가 옷을 사줄 거라고 생각한 엄마의 생각은 빗나가고 말았다. 아빠는 엄마의 대답을 듣고는 반가운 듯 얼른 되받아 말했다.
"그렇겠지. 역시 내가 생각한 대로야. 그럴 줄 알고 아예 관람권을 한 장만 사왔지!"
"뭐, 뭐, 뭐라고요?"
엄마는 눈이 휘둥그래지며 화가 불끈 치밀어 올랐다.

☆ ☆ ☆

※ 때로는 생각과 짐작이 빗나가는 경우가 있습니다. 모든 일이 자기의 생각과 짐작대로 일치한다면, 우리들이 공부를 하고 생활을 하는 데 조금도 걱정할 것이 없을 겁니다.
그러나 될 수 있는 대로 생각과 짐작이 맞을 수 있도록 신중히 검토하는 것이 중요하다는 것을 항상 염두에 두십시오.

- 생각을 지나치게 깊고 오래 하는 사람은 오히려 어떤 일도 이루지 못한다. - <실러>

거꾸로 읽으면

'소변금지'라고 쓰여 있는 구석진 담벼락에 경규가 오줌을 싸고 있었다. 마침 그 모습을 본 그 집 아저씨가 어이없다는 듯 쫓아와서는 야단을 쳤다.

"야, 이 녀석아. 너는 이 글씨가 안 보이냐? 여기 '소변금지'라 표시가 되어있는 데도 못 본 척하고 이렇게 오줌을 싸는거냐? 여기 가위도 그려져 있잖아! 이 가위는 무엇을 의미하는지 알겠지?"

그러자 경규는 싱긋 웃으면서 능청스럽게 말했다.

"아저씨는 '소변금지'로 읽으셨는지 모르겠지만, 저는 '지금변소'로 생각했거든요. 이것을 이렇게 읽으면 '지금변소'가 되잖아요."(경규는 '소변금지'를 거꾸로 읽었던 것이다.)

☆　　　☆　　　☆

※ 무엇이든지 각자의 보는 관점에 따라서 조금씩, 혹은 크게 달라질 수 있습니다. 또한 자기의 생각에 따라 둥근 것을 모가 난 것으로 해석할 수도 있습니다. 그러나 정답은 오직 하나뿐이라는 사실을 알아야 합니다.

　- 사람들은 문명 세계에서 실제로 일어나는 비극의 현실을 먼저 믿지 않기 때문에 비극을 오락으로 상연한다. - <J. 오르테가 이 가제트>

멍멍청청이들

어느 식당에서 술이 몹시 취한 두 아저씨가 서로 소리를 지르고 있었다. 그들은 그 식당의 단골 손님이었으며, 곧잘 술만 취하면 티격태격 싸우길 잘했다. 그날도 그들은 똑같은 주제를 놓고 다투고 있었다.

"우리 집은 여기서 얼마 멀지 않아!"

"우리 집도 그래!"

"우리 집은 청운동이야!"

"우리 집도 청운동이다!"

"이십팔 번지다!"

"나도 이십팔 번지다!"

"거긴 오층이야!"

"뭣이! 거짓말 마라. 나도 오층인데, 거긴 방이 하나밖에 없어!"

"까불지 마라! 우리 집은 확실히 오층이야!"

이렇게 큰소리를 치며 말다툼이 벌어지다가 엎치락 뒤치락 밀고 당기며 싸우려는 찰나에 종업원이 간신히 떼어 놓았다.

그런 행동을 구경하고 있던 손님 한 사람이 종업원에게 물었다.

"저 사람들, 도대체 뭣하는 사람들이요?"

그러자 종업원이 대답했다.

"아, 네. 여기 단골 손님들인데 두 사람은 형제지간이지요.

그런데 술에 취하기만 하면 서로의 얼굴을 잊어버리는 모양이
지요."
　그러자 그 손님은 혀를 끌끌 차며 말했다.
　"이런 세상에, 별 희안한 멍멍청청이들 다 보겠네!"

☆　　　☆　　　☆

※ 사람을 괴롭히는 가장 무서운 해독 가운데 일부는 술로부터 나온
　다고 했습니다. 그것은 병(病)과 싸움과 소란과 게으름과 일하기 싫
　어하는 것과 모든 종류의 가정불화의 원인이 된다고 합니다. 특히
　술주정은 아주 나쁩니다. 그래서 술주정을 고의적인 미친 짓이라고
　까지 하는 것 아닐까요?

　- 술망나니는 바보의 혀와 악한의 심장을 가지고 있다. - <T. 풀러>

어쩌면 좋을꼬

방학이 되자 친척집에 꼬마가 놀러왔다. 한 주일이 지나고 두 주일이 가까워져도 도통 갈 생각을 안 하는 거였다. 거기다가 어떻게나 개구쟁이인지 온통 집안을 난장판으로 만들기 일쑤였다. 그렇다고 집에 그만 돌아가라고 말할 수도 없고하여 고민을 하고 있는데 꼬마가 말했다.

"아저씨, 저 집에 갈 차비 좀 주시겠어요?"

그 말을 들은 아저씨는 반갑기는 했으나 그래도 인사치레는 해야겠기에 한마디했다.

"왜, 벌써 가려고? 우리 집이 재미가 없어서 그러니?"

"아니오. 재미있어요."

"그런데, 왜 가려고 하니?"

그러자 꼬마는 한술 더 떠 말했다.

"너무 재미있어서 혼자 놀기가 아깝지 뭐예요. 그래서 집에 가서 친구들을 데리고 오려구요."

그 말을 듣는 순간 아저씨는 그만 눈이 휘둥그래지고 말았다.

☆　　　☆　　　☆

※『명심보감』에 이런 구절이 나옵니다. "오래 머물면 남에게 업신여김을 받게 되고, 자주 오면 친분도 성기어진다. 단지 사흘이나 닷새 사이에도 서로 대하는 것이 처음과 같지 않다."

그렇습니다. 사람이 사람에게 성가시게 느껴지도록 행동하면 그 사람과의 모든 것이 차츰 멀어지게 됩니다.

첫날은 손님이지만 둘째 날은 짐이요, 셋째 날은 해충이라고 정의한 학자도 있습니다. 내가 남에게 해롭게 여겨지도록 행동하거나 말을 했을 때, 그것을 성인(聖人)처럼 받아들이는 사람이 우리들 주변에서 얼마나 되겠습니까?

행동이 언제나 그 인간을 그대로 나타내 보이는 것은 아닙니다. 항상 친절을 베푸는 사람이라고 해서 반드시 친절하지만은 않다는 것을 우리는 알게 됩니다. 그러나 친절한 행동은 아무리 작은 것이라 하더라도 헛되지 않을 것입니다.

— 진정한 친절을 지닐 수 있는 사람은 성격이 확고한 사람뿐이다. 겉보기에 친절한 사람은 대체로 나약할 따름이어서, 쉬 사나워진다. — <라 로시푸코>

좋은 사람들의 아름다운 생각

초판 인쇄 ● 2001년	8월	16일	
초판 발행 ● 2001년	8월	20일	

편저자 ● 박 영 식

발행자 ● 김 동 구

발행처 ● 명 문 당

서울특별시 종로구 안국동 17~8

대체　010041-31-001194

전화　(영) 733-3039, 734-4798

　　　(편) 733-4748

FAX 734-9209

Homepage www.myungmundang.net

E-mail　　om@myungmundang.net

등록　1977. 11. 19. 제1~148호

● 낙장 및 파본은 교환해 드립니다.

● 불허복제 · 판권 본사 소유.

값 7,000원

ISBN 89-7270-660-4 03810

만화 천자문

만화 고사성어

재미있게 읽다보면
천자문과 고사성어가
머리에 쏙쏙 들어옵니다.

황인환 글, 그림/ 신국판/ 값 각 5,000원

재미있는 생활·과학·상식문제의 퀴즈풀이

KBS 알쏭달쏭 퀴즈

임구암 엮음/신국판/값 3,900원

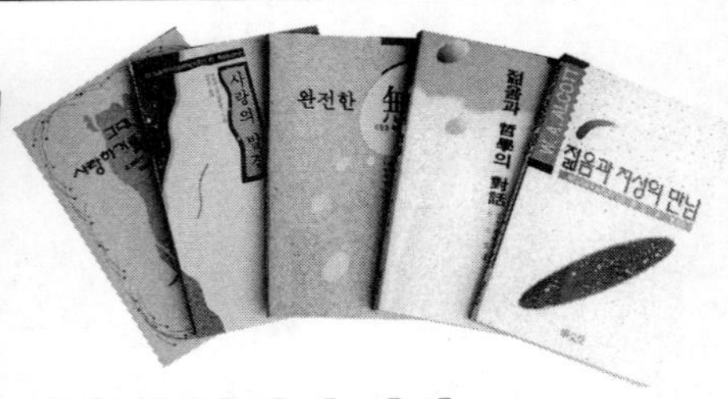

젊음과 지성의 만남

알콧 지음, 박영실 옮김/신국판/값 3,500원

젊음과 철학의 대화

찰스 에버렛 지음, 박영실 옮김/값 3,500원

완전한 無 사랑과 우정과 고독과…

L.보로스 외 공저, 김성은 편역/값 3,000원

사랑의 발견

프란체스코 알베로니 지음, 김성은 번역/값 3,500원

그대, 왜 사랑하기를 주저하는가

포웰·샤퍼 공저, 김성은 편역/값 3,000원

5분간의 사색

윤석인 엮음/신국판/값 5,000원

살며 생각하며 365일

안길환 엮음/신국판/값 4,500원

사랑어사전

정규상 엮음/신국판/값 3,500원

건강어사전

박종복 엮음/신국판/값 3,500원

사랑은 풀꽃처럼 인생은 보석처럼

최경화 엮음/신국판/값 3,500원

새마음의 샘터

이성수 엮음/신국판/값 3,500원

최고의 사랑과 성공을 추구하는

하버드의 여성들

리즈 로먼 갤리즈 지음 정성호 옮김/값 6,000원

최고의 지성과 야망을 추구하는

하버드의 남자들

김문권 편역/값 6,000원

明文世界文學

사랑으로 살 때

앙드레 모루아 지음 이현하 옮김 /값 4,500원

아샤·첫사랑

투르게네프 지음 정성호 옮김/값 4,500원

How to Make the Best of Life
최선의 삶이 여기에 있다

아널드 베넷 著 안길환 譯/값 6,000원

고전속의 지혜와 교훈
세상을 살아가는 지혜

안길환 편저/값 4,500원